Amazing Power of the Human Body
- How do our body parts relate to each other?

The human body consists of body and mind. The body is composed of a head, a torso, two arms and two legs. Lets' look at the human body in more detail. There is a face and hair on our head. The face has eyes, nose, mouth and ears.

Under the neck, there is the chest, stomach and legs. Below the skin we have muscles and bones. Inside these muscles and bones, there are blood vessels and nerves.

Also, there are important internal organs such as the lungs, stomach and liver. We can't see them, but they are resposible for keeping us alive.

Why do we have to learn about our body? Are we just curious? For our health? For curing an illness? To be a doctor? It's all of these things, because it's our own body.

Even though there are many reasons to learn about our body, the important thing is that children are now growing.

To grow actively without sickness, learning about the human body will be very helpful.

If we feel sick, soon the mind will get hurt also. Our body and mind are one. Knowing about our body means that it is the first step we love ourselves.

Children must grow well. They are our future.

In the Text
1. Beginning of Life

2. Brain and Spinal cord - Take Control of Body

3. Ears, Eyes, Mouth, and Nose

4. Skin, Muscle and Joint

5. Stream of Blood and Air

6. Digestion and Excretion

* Please listen to the sound from body

어린이가 알아야 할
인체의 모든 것
내 작은 몸속 커다란 세계

어린이가 알아야 할 인체의 모든 것 - 내 작은 몸속 커다란 세계
All about Human Body for Children

개정1판 5쇄 | 2025년 6월 10일
개정1판 1쇄 | 2022년 1월 3일

글 | 이영란
그림 | 정일문

펴낸이 | 박현진
펴낸곳 | (주)풀과바람
주소 | 경기도 파주시 회동길 329(서패동, 파주출판도시)
전화 | 031) 955-9655~6
팩스 | 031) 955-9657
출판등록 | 2000년 4월 24일 제20-328호
블로그 | blog.naver.com/grassandwind
이메일 | grassandwind@hanmail.net

편집 | 이영란
디자인 | 박기준
마케팅 | 이승민

ⓒ 글 이영란, 그림 정일문, 2022

이 책의 출판권은 (주)풀과바람에 있습니다.
저작권법에 의해 보호를 받는 저작물이므로 무단 전재와 복제를 금합니다.

값 12,000원
ISBN 978-89-8389-973-6 73470

※ 잘못 만들어진 책은 구입처에서 바꾸어 드립니다.

제품명 어린이가 알아야 할 인체의 모든 것	**제조자명** (주)풀과바람	**제조국명** 대한민국
전화번호 031)955-9655~6	**주소** 경기도 파주시 회동길 329	
제조년월 2025년 6월 10일	**사용 연령** 8세 이상	

⚠ **주의**
어린이가 책 모서리에
다치지 않게 주의하세요.

KC마크는 이 제품이 공통안전기준에 적합하였음을 의미합니다.

어린이가 알아야 할 인체의 모든 것

내 작은 몸속 커다란 세계

이영란 글 | 정일문 그림

풀과바람

머리글

　우리 인간은 보이지 않는 마음과 몸으로 되어 있어요. 또 몸은 머리, 몸통, 팔과 다리로 되어 있지요. 조금 세세하게 들어가 볼까요? 머리에는 머리카락과 얼굴이 있고, 얼굴에는 눈, 코, 입 그리고 귀가 있지요.

　목 아래에는 가슴과 배, 다리가 있고, 피부 밑에는 근육과 뼈 그리고 그 안에는 혈관, 신경 등이 있어요. 또 폐, 위, 간 등 우리 눈에 보이지는 않지만 우리가 살아 있도록 밤낮을 가리지 않고 끊임없이 움직이는 내장 기관들이 있어요.

　우리는 왜 우리의 몸을 공부해야 할까요? 단순한 호기심에? 우리 몸이니까 알아야 하므로? 건강을 위해서? 병이 날 때를 대비해서? 어른이 되어 의사가 되려고?

　어떤 답이든 다 맞아요. 우리 몸을 공부하는 이유는 각자가 다 다르죠. 무엇보다도 온 가족이 건강하고 활기차게 살아가는 데 작지만 큰 도움이 될 거예요.

　몸이 아프면 마음도 병이 들어요. 편의상 몸과 마음, 몸의 각 부분을 따로 구분하기는 하지만 실제로는 하나이니까요. 그것이 곧 우리 자신이니까요. 그리고 우리 몸을 아는 건 나 자신을 사랑하는 첫걸음이기도 하니까요.

이영란

차례

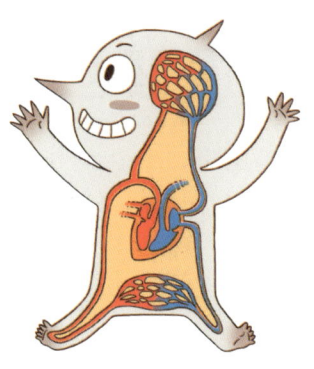

1. 생명의 시작 --- 6
2. 인체를 좌지우지하는 뇌와 척수 --- 18
3. 이목구비 --- 36
4. 피부, 근육과 관절 --- 62
5. 피와 공기의 흐름 --- 90
6. 소화와 배설 --- 112

인체 관련 상식 퀴즈 --- 136
인체 관련 단어 풀이 --- 138

1 생명의 시작

인간 탄생의 역사

오랜 옛날 그리스 사람들은 프로메테우스(티탄)가 흙으로 빚어 최초의 남자 인간을 만들어냈다고 믿었어요. 또 헤파이스토스가 남자 인간과 마찬가지로 흙으로 빚어 여자 인간인 판도라를 이 세상에 태어나게 했다고 생각했지요.

한 종교에서는 전지전능한 신이 자신과 닮은 아담을 만들었고, 아담이 외로워하자 그의 갈비뼈로 우리가 이브로 알고 있는 하와를 탄생시켰다고 해요.

이에 대해서는 확실한 증거가 없어 믿거나 말거나이지요. 하지만 한 가지 분명한 사실은 우리 인체는 1개의 수정란에서 태어난다는 거예요.

수정란이란?

자기 몸과 마음을 책임질 준비가 된 성인 남자와 여자가 서로 만나 사랑을 나누면 정자와 난자가 만나게 돼요. 정자는 남자의 몸속에 있는 아기씨이고, 난자는 여자의 몸속에 있는 아기씨예요. 이들 아기씨가 하나로 합쳐진 것을 '수정'이라고 해요. 정자가 난자를 만나면 꼬리를 끊고 난자 속으로 들어가요. 이렇게 남성의 정자를 받아들인 여성의 난자는 이제 '수정란'이 돼요.

난자와 정자는 사람이 갖추어야 할 염색체를 절반씩 갖고 있어요. 둘이 합쳐지는 순간 여러 개의 세포로 나뉘면서 자궁벽에 튼튼하게 자리를 잡고 하나의 생명체가 될 준비를 해요.

사정과 배란

사람은 14세 즈음부터 어른스럽게 변해요. 이때를 '사춘기'라고 해요. 사춘기가 되면 성적으로 성숙되어 남자는 고환에서 정자를, 여자는 난소에서 난자를 내보내요. 고환에서 정지를 내보내는 것을 '사정', 난소에서 난자를 내보내는 것을 '배란'이라고 해요.

정자와 난자는 사춘기 때 갑자기 생기는 것이 아니에요. 여러분이 태어나기도 전에 만들어져요. 엄마 아빠의 난자와 정자가 만나 수정을 한 지 3주째부터 여러분의 정자와 난자가 만들어지지요.

이렇게 일찍부터 정자와 난자가 만들어지지만, 어른이 될 준비를 하면서 사정을 하고 배란을 하게 된답니다.

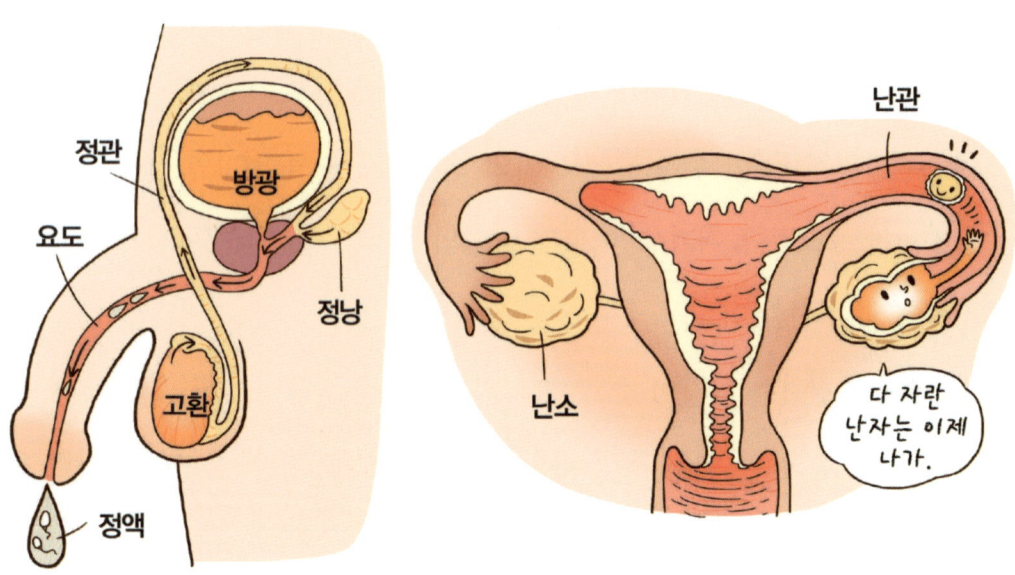

난자와 정자

여자의 아기씨인 난자는 난소에서 선택된 1개의 난포가 약 2주 동안 성숙한 것으로, 난소 밖으로 배란이 돼요. 난자는 1번에 1개만 배란되는데, 인체에서 가장 큰 세포로 눈으로도 보인답니다.

난자는 난황과 엄마의 유전 정보를 담은 핵으로 되어 있는데, 난자의 겉을 '투명대'라고 하는 투명한 막이 둘러싸고 있어요. 그리고 그 위를 세포층이 감싸고 있지요. 반면, 정자는 1번 사정될 때 2~3억 개가 나오고, 그중 난자로 접근하는 것은 200~300개 정도예요.

정자는 마치 올챙이와 같은 모양을 하고 있어요. 둥글게 생긴 앞부분에는 핵이 들어 있어요. 여기에는 아버지의 유전 정보가 빽빽하게 들어 있어요. 또 정자가 난자 속으로 들어가려면 난자를 둘러싼 막을 뚫어야 하는데, 그 막을 뚫는 효소도 들어 있지요.

앞머리 바로 아래에는 나선으로 돌돌 말린 혹 같은 것이 달려 있어요. 이것은 정자의 에너지를 담고 있는 미토콘드리아예요. 그 아래에는 올챙이의 꼬리 같은 게 달려 있어요. 정자는 미토콘드리아의 에너지와 꼬리를 이용해 열심히 헤엄쳐서 움직일 수 없는 난자에게 달려가요. 정자의 머리가 난자 속으로 들어가는 순간 꼬리는 떨어져 버려요.

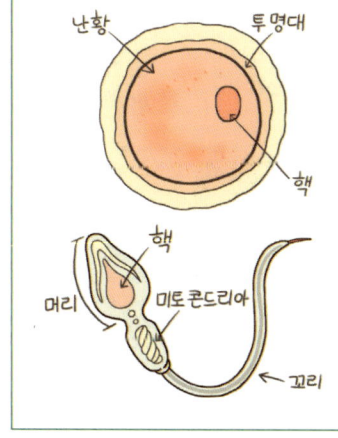

난자의 구조
난자는 인체에서 가장 큰 세포이다. 난황과 핵으로 되어 있으며, 주위를 투명한 막과 원을 중심으로 뻗어 나가는 모양으로 세포층이 둘러싸고 있다.

정자의 구조
정자의 길이는 100분의 5밀리미터 정도. 약알카리성을 띠며, 난자의 분비물을 향해 다가가는 특성이 있다.

정자와 난자의 만남

정자는 어떻게 난자를 찾아 헤엄쳐 갈까요? 그 해답은 난자에게 있어요. 난자는 정자가 잘 찾아오도록 향기를 팍팍 풍긴답니다. 이것을 '수정소'라고 해요. 하지만 특정한 정자만을 골라 신호를 보내는 게 아니므로 난자를 차지하기 위해 2~3억 개의 정자들은 그야말로 '억!' 소리가 날 정도로 열심히 헤엄을 쳐야 해요.

수정소의 향기를 맡고 난자를 향해 다가간 200~300개의 정자 중 100개 정도만 난자에 도착하는데, 이 정자들은 서로 힘을 합쳐 난자의 막을 제거해요. 그러다가 최초로 도착한 정자가 난자 속으로 들어가면 그때부터는 난막의 성질이 변해 더는 다른 정자가 들어갈 수 없게 돼

요. 간혹 2개의 정자가 동시에 뚫고 들어가기도 하는데, 이때는 '유산'이 되어 완벽한 아기씨가 될 수 없어요.

아들일까, 딸일까?

사람의 몸은 60조 개나 되는 세포로 이루어졌고, 1개의 세포에는 저마다 핵이 있어요. 핵 안에는 46개의 염색체가 있는데, 2개씩 짝을 지어 모두 23쌍이 있지요. 그중 1쌍은 성염색체로, 남자는 XY, 여자는 XX로 되어 있어요.

여자의 몸에서는 언제 난자가 배란이 되든 X염색체 하나밖에 가지고 있지 않아요. 그러나 정자에는 X염색체가 들어 있는 것도 있고, Y염색체가 들어 있는 것도 있지요. 그러므로 난자가 X염색체를 가진 정자를 만나면 딸을, Y염색체를 가진 정자를 만나면 아들이 태어나는 거예요.

아가미 달린 아기

0.2밀리미터의 크기에 무게가 1그램도 안 되는 수정란은 이동하면서 세포 분열 하기 시작해 점차 세포의 수가 증가해요.

약 1주일이 되면 자궁에 도착한 수정란은 자궁벽에 절반 정도 파묻히지요. 이를 '착상'이라고 해요. 착상이 끝나면 드디어 '임신'이 되는 거예요.

착상된 수정란은 엄마에게서 영양분을 얻어 자라는데, 임신한 지 1달이 돼도 1센티미터가 채 안 돼요. 그래도 머리, 손발, 뼈, 내장이 될 부분은 확실히 갖추고 있지요. 심장 혈관에서 피를 내보내고, 아주 약하지만 심장도 뛰어요. 하지만 긴 꼬리와 물고기의 아가미 비슷한 것이 있어서 겉으로는 사람인지 동물인지 구별하기 어렵답니다.

이 시기에는 세포가 세 겹의 층을 이루는데, 각각의 층은 서로 다른 몸속 기관으로 발달해요. 가장 안쪽의 세포층은 허파, 간, 갑상샘, 췌장, 오줌을 만들어 몸 밖으로 내보내는 비뇨 기관, 방광 등으로 발전해요. 세포 중간층은 난소, 신장, 비장, 혈관, 혈액 세포, 진피 등으로 발전해요.

가장 바깥쪽의 세포는 피부, 땀샘, 유두(젖꼭지), 머리카락, 손톱, 치아를 이루는 노란색의 단단한 물질 그리고 눈을 이루는 수정체로 발달해요.

아기의 탄생

약 10개월이 되면 엄마 배 속에 있던 아기는 세상 밖으로 나와요. 이를 '출산'이라고 해요. 출산은 보통 14시간 정도 걸리며, 아기를 낳아 본 경험이 있다면 6~7시간 또는 더 일찍 낳기도 해요. 이때는 양수가 조금씩 새어 나와 아기가 쉽게 나오도록 도와요.

엄마는 아기가 배 속에서 나오는 동안 엄청난 고통을 겪어요. 이를 '진통'이라고 해요. 아마 여러분은 상상도 할 수 없을걸요. 얼마나 아픈지는 엄마에게 여쭤 보세요.

엄마가 진통을 하는 이유는 태아의 뇌에서 '이제 태어나도 좋아!'라는 명령이 내려지고 몸에서는 호르몬이 분비되는데, 이것이 '엄마, 저 이제 세상 밖으로 나가 엄마, 아빠와 만나요.'라는 신호가 되어 엄마의 자궁 근육을 오그라들게 하기 때문이에요.

태아가 엄마의 배 속에서 나올 때 머리가 가장 먼저 나오는네, 도중에 배 속에 차 있던 검은색 물질을 변으로 보기도 해요.

태아의 발달

임신 2달째
머리 크기가 몸의 절반 정도가 되면서 머리와 몸통이 확실히 구분된다. 손과 발이 분명하며, 머리는 가슴을 향해 구부리고 있다. 눈과 귀의 신경이 발달하고 턱과 입이 나타난다. 뇌는 급속도로 발달한다.

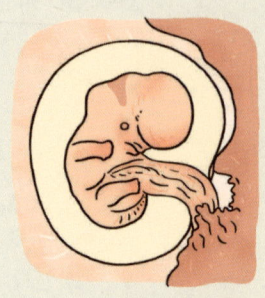

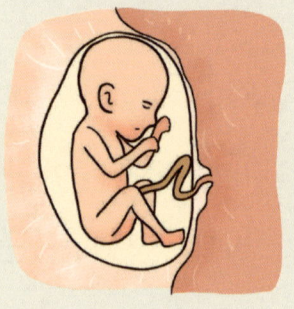

임신 3달째
몸의 크기가 거의 4배나 자란다. 피부에 솜털이 생기고, 얼굴 모습이 자리를 잡아 얼굴을 움직일 수 있게 된다. 손가락과 발가락이 생긴다. 심장이 힘차게 박동하므로 초음파를 통해 아기의 심장 뛰는 소리를 들을 수 있다.

임신 4달째
머리는 여전히 크고 눈과 눈 사이가 멀리 떨어져 있지만, 온전한 사람의 모습을 갖춘다. 몸통도 곧게 펴지고 드디어 뼈가 나타난다. 생식기가 겉으로 드러나 성별을 구별할 수 있다. 이때부터 태아는 자신의 몸을 움직이는 법을 깨달아 아주 활동적으로 움직인다. 손으로 탯줄이나 무릎을 만지기도 한다.

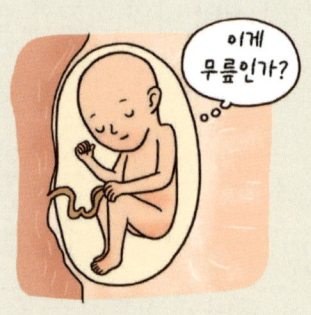

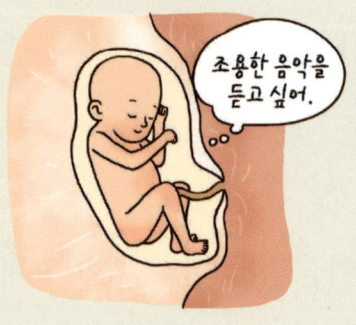

임신 5달째
머리가 달걀 크기가 되면서 다리가 팔보다 길어져 3등신이 된다. 이마를 찡그리거나 눈동자를 움직이고 울상을 짓는 등 표정을 짓는다. 머리카락도 굵어지고 많이 나며, 손톱과 발톱이 생긴다. 엄마의 배에 빛을 비추면 반응하고, 소리도 들을 수 있다. 이 시기의 태아는 조용한 음악을 좋아한다.

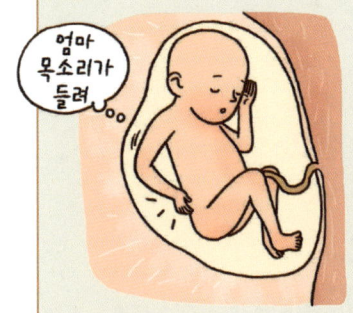

임신 6달째
피부가 쭈글쭈글하고 불그스름하지만, 점점 포동포동해진다. 골격이 확실히 잡혀서 엑스레이를 찍어 보면 두개골, 척추, 갈비뼈, 팔과 다리뼈 등을 뚜렷하게 알아볼 수 있다. 태아는 엄마 배 속에서 엄마의 피가 흐르는 소리, 심장 뛰는 소리, 음식물이 소화되는 소리 등을 들을 수 있다. 아기에게 말을 걸거나 노래를 들려주면 좋아한다.

임신 7달째
폐가 발달하고 콧구멍이 열려서 스스로 숨을 쉬는 흉내를 낸다. 세상에 나올 때를 대비해서 숨 쉬는 연습을 하는 것이다. 입을 벌려 양수를 마시고 뱉는 일이 자주 있으며 손가락을 빨기도 한다. '양수'란, 엄마 배 속에서 태아를 보호하는 물이다. 아기는 아직 코와 입으로 숨을 쉬지 않는다. 엄마와 연결된 탯줄로 산소를 받아 숨을 쉰다.

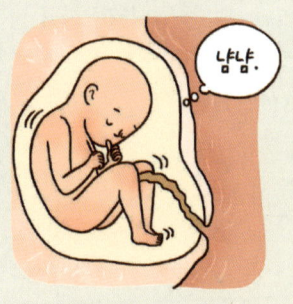

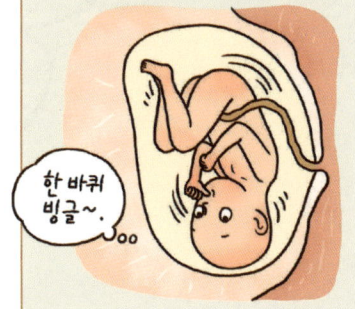

임신 8달째
아직 스스로 숨을 쉬거나 체온을 유지하기 힘들지만, 엄마 배 속에서 나와도 살 수 있다. 이때는 쭈글쭈글했던 피부가 펴져서 뽀얗고 부드럽게 된다. 눈동자가 만들어져 눈도 뜬다. 그리고 엄마 배 속에서 나오기 위해 점차 머리를 아래로 향하는 자세로 바꾼다. 처음에는 머리를 위쪽으로 두지만, 밖으로 나올 수 있는 엄마 몸의 부분을 찾아 자세를 바꾸는 것이다.

임신 9달째
폐를 제외한 모든 부분이 완전히 자란다. 이 무렵이 되면 태아의 체중은 1킬로그램 정도가 되며, 세상 밖으로 나올 준비가 거의 다 되어 있다.

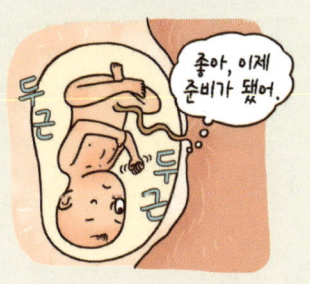

갓난아기의 특징

체온이 어른보다 높아요
보통 사람의 체온은 36.5도인데, 갓 태어난 아기는 37~38도였다가 점차 37도 정도로 안정돼요. 호흡수와 맥박 수도 어른보다 조금 더 많고 빨라요.

머리 꼭대기가 말랑말랑해요
갓 태어난 아기의 머리는 길쭉하게 생겼고, 꼭대기(앞숫구멍)는 말랑말랑하고 움푹 패어 있고 숨 쉴 때마다 들어갔다 나왔다 해요. 앞숫구멍은 뇌가 잘 자라게 돕는 곳으로, 매우 중요한 부위이므로 절대 세게 누르면 안 돼요.

머리가 커요
머리는 몸통의 4분의 1 정도 되고, 몸무게는 3킬로그램 정도 되는 4등신이에요.

수시로 울어요
응애응애~, 아기들은 스스로 자신을 보호할 수 없기 때문에 조금만 불편해도 '도와주세요.' 하고 울어요.

온종일 잠만 자요
아기는 젖 먹는 시간 말고는 거의 16~20시간 정도 잠을 자요. 점차 잠자는 시간이 줄어들어요.

먹는 만큼 응가를 해요
아기는 젖을 먹는 동안에 대장 운동이 일어나 대변을 보기 때문에 아기가 젖을 다 먹었으면 기저귀를 살펴봐야 해요. 태어난 지 1주일 동안에는 하루 8번, 열흘 정도 지나면 10번 정도 소변을 봐요.

눈썹이 없어요
눈썹은 이마에서 흐르는 땀을 막아 눈에 들어가지 않게 하지요. 아기들은 아직 움직임이 많지 않아 땀을 흘리지 않으므로 눈썹이 거의 없어요.

청각이 발달되어 있어요
아기는 배 속에 있을 때부터 음악을 들려주면 좋아하지요. 소리에 민감해서 작은 소리에도 깜짝깜짝 잘 놀라요. 그러므로 아기 옆에서는 시끄럽게 떠들면 안 돼요, 쉿!

무릎은 구부러져 있고, 발은 평발이에요
오랫동안 엄마 배 속에서 다리를 바깥쪽으로 벌린 채 무릎을 구부리고 있었어요. 발은 발바닥이 평평한 평발인데, 조금씩 걷기 시작하면 발바닥 가운데 부분이 움푹 들어간 아치형이 돼요.

주먹을 쥐고 있어요
아기는 스스로 위험에 대비하기 위해 팔꿈치를 구부리고 손가락을 모아 주먹을 꼭 쥐고 있어요.

손톱, 발톱이 길어요
손톱과 발톱은 배 속에서 있은 지 4개월 정도가 되면 생겨서 태어날 때는 길이가 길어요. 얼굴에 상처를 낼 수 있으므로 짧게 잘라주는 게 좋아요.

피부가 붉고 거칠며 쭈글쭈글해요
갓 태어난 아기는 온몸이 쭈글쭈글하고 고구마처럼 붉은색을 띠어요. 이는 아기가 배 속에 있을 때 엄마의 양수 속에 있었기 때문이에요. 1~2주 정도 지나면 거칠었던 피부가 벗겨져 하얗고 보송보송하게 돼요.

몽고점이 있어요
아기의 어깨나 등, 엉덩이 등에 멍이 든 것처럼 파란 자국이 있는데, 이를 '몽고점'이라고 해요. 태어난 지 3~5년 정도가 지나면 저절로 없어져요.

2 인체를 좌지우지하는 뇌와 척수

인체의 컴퓨터

사람을 비롯해 척추뼈를 가지고 있는 모든 동물의 머리 속에는 얼굴 모양을 이루는 둥근 뼈가 있어요. 이를 '두개골'이라고 해요. 두개골은 말랑말랑하고 호두 알맹이 처럼 생긴 뇌를 보호해요. 뇌는 생각하거나 어떠한 감정을 느끼는 곳이며, 몸속 다양한 기관을 종합적으로 조절하여 생명을 유지하는 중요한 역할을 한답니다.

또 무언가를 배우고 익히는 데 핵심이 되는 부분이기도 하지요. 한마디로 '인체의 컴퓨터'라고 할 수 있어요.

뇌의 구조

뇌는 대뇌와 소뇌 그리고 그것을 둘러싼 뇌줄기로 되어 있어요. 보통 뇌의 무게는 1킬로그램이 조금 넘는데, 남자는 1350~1450그램이고 여자는 1200~1250그램 정도예요. 물론 뇌가 무겁다고 해서 더 똑똑한

매우 부드러운 뇌

총 8개의 층으로 덮여 보호된다.
- 머리카락 → 피부 → 두개골 → 경막
  → 림프액(쿠션 역할) → 지주막
  → 수액(쿠션 역할) → 연막 → 뇌

건 아니에요.

뇌 속에는 심장에서 내보낸 혈액의 20퍼센트가 흐르는데, 1분마다 750cc가 뇌로 흘러들어 가요.

이 혈액이 엄청난 수의 신경 세포(뉴런)에 산소와 영양을 운반해 줘요. 뇌혈관이 막히거나 혈관벽이 파괴되거나 혈관이 끊어지면 반신마비나 혼수상태에 빠지게 돼요.

대뇌

대뇌는 몸을 조종하는 곳으로 둥근 공을 반으로 자른 모양이며, 표면에 낯은 주름이 있어요. 뇌는 두 손에 잡힐 정도로 작지만, 주름을 다 펼치면 신문지 1장 정도 크기가 돼요. 이 주름을 '대뇌 피질'이라고 하는데, 대뇌 피질의 실제 면적을 넓게 해 많은 정보를 담지요.

여기에는 신경 세포가 140억 개나 들어차 있어요. 신경 세포가 정보를 받아들이고 판단해 우리 몸의 구석구석에 명령을 보내지요.

　대뇌의 가운데 부분을 '대뇌 반구'라고 하는데, 전두엽과 후두엽, 두정엽, 측두엽의 네 부분으로 나뉘어요.

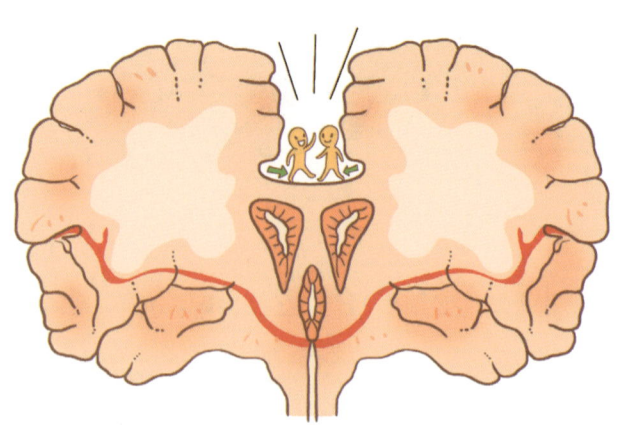

그리고 대뇌는 중간이 갈라져 있어서 우뇌와 좌뇌로 구분돼요. 우뇌와 좌뇌는 '뇌량'이라는 부분으로 연결되어 있어요.

우뇌가 발달한 사람이 좋아하고 잘하는 것

- 음악 듣고 연주하기
- 그림 그리기
- 방향이나 물건과 자신의 위치 파악하기
- 개성이 다른 사람들의 얼굴 알아보기
- 눈으로 본 것 기억하기
- 공부할 때는 시각적으로
- 문제 해결은 그날의 기분이나 느낌에 따라
- 감정이 뛰어나 예술적인 면에서 창의력과 표현력이 좋음
- 새로운 사실 발견하기
- 대화할 때 제스처 쓰기

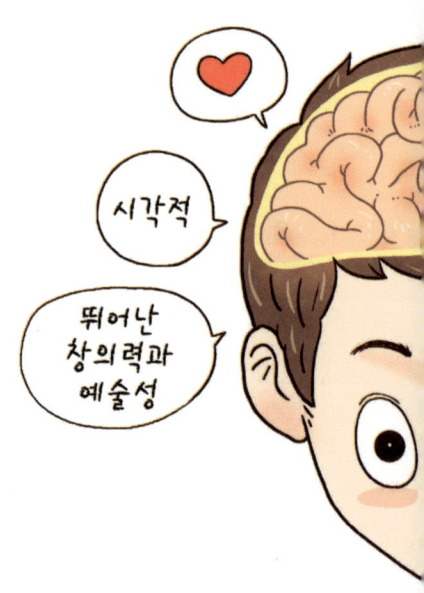

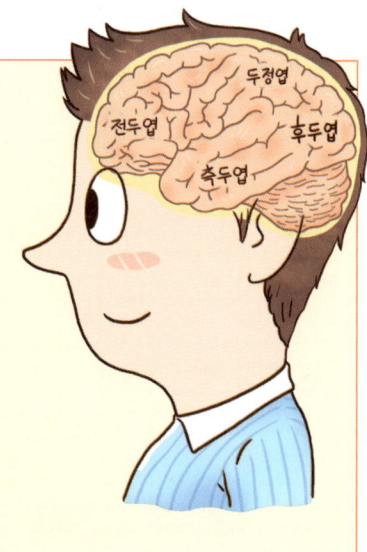

- 전두엽은 대뇌의 앞부분으로 운동과 언어, 생각하고 판단하는 정신 작용이 이루어지는 곳이다. 젖먹이 동물 가운데 복잡한 신체 구조를 가진 고등 동물일수록 잘 발달되어 있다.
- 후두엽은 뇌의 뒤쪽 부분이며, 시각을 담당하고 있다. 후두엽이 망가지면 눈이 보이지 않게 된다.
- 두정엽은 대뇌의 가운데 꼭대기 부분이다. 시각과 청각을 제외한 모든 감각의 신호를 받아들이는 부분으로, 이곳이 망가지면 피부에 상처가 나도 아픔을 느낄 수 없고, 맛있는 것을 먹어도 그 맛을 느낄 수 없다.
- 측두엽은 대뇌의 전두엽과 후두엽 사이에 있는 부분이다. 소리를 듣고 소리의 크기나 높낮이를 구분하며 언어를 이해하고 정확하게 말할 수 있도록 한다.

좌뇌가 발달한 사람이 좋아하고 잘하는 것

- 대화하거나 계산하는 능력
- 듣기, 말하기, 읽기, 쓰기 능력
- 이름을 기억하고 단어를 쓰는 능력
- 계산을 잘하는 능력 덕분에 문제 해결은 체계적이고 논리적으로
- 계획 세우기
- 감정 숨기기
- 기존에 있던 것을 새롭게 고치기

1960년대, 미국의 신경생물학자인 로저 스페리는 좌뇌와 우뇌의 역할이 다르다는 것을 실험을 통해 증명해 노벨 의학상을 수상했어요.

그의 연구 결과에 따르면 우뇌는 신체의 왼쪽 편을 담당하고, 좌뇌는 신체의 오른쪽 편을 담당한다고 했어요. 이는 곧 우뇌와 좌뇌의 기능이 많이 다름을 뜻해요.

대뇌의 명령을 몸 전체로 전달하는 소뇌

대뇌에 덮여 있는 소뇌는 대뇌의 운동 명령을 받아서 팔다리를 부드럽게 움직이고 몸의 균형을 조절해요.

소뇌에는 가로 1밀리미터, 세로 1밀리미터의 면적당 약 50만 개의 신경 세포가 회로망을 만들어 마치 컴퓨터처럼 정보를 처리해요. 깨알보다 더 작은 공간에 50만 개의 세포가 들어 있다니 정말 대단하죠? 덕분에 많은 근육이 서로 도와가며 복잡한 운동을 할 수 있답니다.

소뇌가 망가지면 물건을 잡으려 해도 놓치고, 현기증이 나며, 신체의

균형을 유지할 수 없어서 한쪽 발로 서 있을 수 없어요.

생명의 자리, 뇌줄기

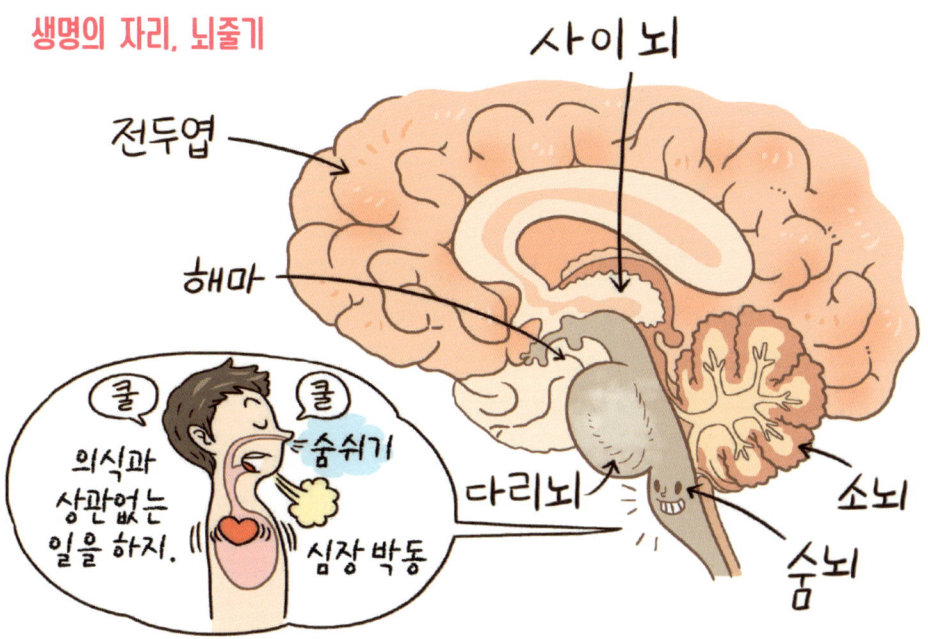

모양과 크기가 엄지손가락과 비슷한 뇌줄기는 호흡이나 심장의 움직임, 체온 조절 같은 생명을 유지하기 위한 모든 신경이 모여 있는 곳이에요.

뇌줄기가 있기 때문에 잠을 잘 때도 심장이 규칙적으로 뛰고, 땀을 많이 흘려도 체온이 내려가지 않지요. 이렇듯 뇌줄기는 무의식적인 활동을 하게 해요.

흔히 말하는 '식물인간'은 의식적인 활동을 하게 하는 대뇌의 기능이 멈추고 살아가기 위해 최소한으로 필요한 뇌줄기만 살아 있는 상태를 말해요. 반대로 대뇌는 살아 있고 뇌줄기가 죽은 '뇌사' 상태가 되면, 대뇌도 곧 죽어 버려요.

뇌줄기는 사이뇌, 중간뇌, 다리뇌, 숨뇌로 이루어져 있으며, 해마가 위치해 있어요.

- 사이뇌는 냄새를 맡는 감각인 후각 이외의 모든 감각을 전달하는 중간 지점으로 이곳에서 정보를 정리해서 대뇌에 전달한다. 사이뇌의 아랫부분은 자율 신경계나 호르몬을 조절하여 쾌감이나 불쾌감 같은 감정이 생기고 체온이나 소화, 수면, 성 기능을 조절한다.
- 중간뇌는 몸의 균형을 유지하고 눈의 움직임과 동공의 크기를 조절한다.
- 다리뇌는 뇌줄기에서 가장 부풀어 있는 부분으로, 얼굴과 눈을 움직이는 신경이 나와 있다.
- 숨뇌는 재채기나 기침을 했을 때 이물질이 몸속으로 들어오는 것을 막고, 음식물을 씹어서 삼키거나 숨을 쉬거나 혈액이 온몸을 돌게 하는 일, 땀이나 대변, 소변과 같은 몸속 이물질을 몸 밖으로 내보내는 일을 조절한다.
- 해마는 시각, 청각, 촉각으로 얻은 정보를 일시적으로 쌓아 두는 곳이다. 해마의 신경 세포가 손상되면 날짜나 장소, 사람의 이름이 떠오르지 않고 자신이 어디에 있는지 알 수 없게 되는 알츠하이머병에 걸린다.

척수

척수는 뇌에 연결된 긴 신경 섬유 다발이에요. 대뇌의 명령을 정리해 몸의 각 부위로 전달하는 통로이지요. 평상시에는 외부의 정보가 척수를 거쳐 뇌에 전달되고, 뇌에서 내려지는 명령이 다시 척수를 거쳐 팔다리에 보내져요.

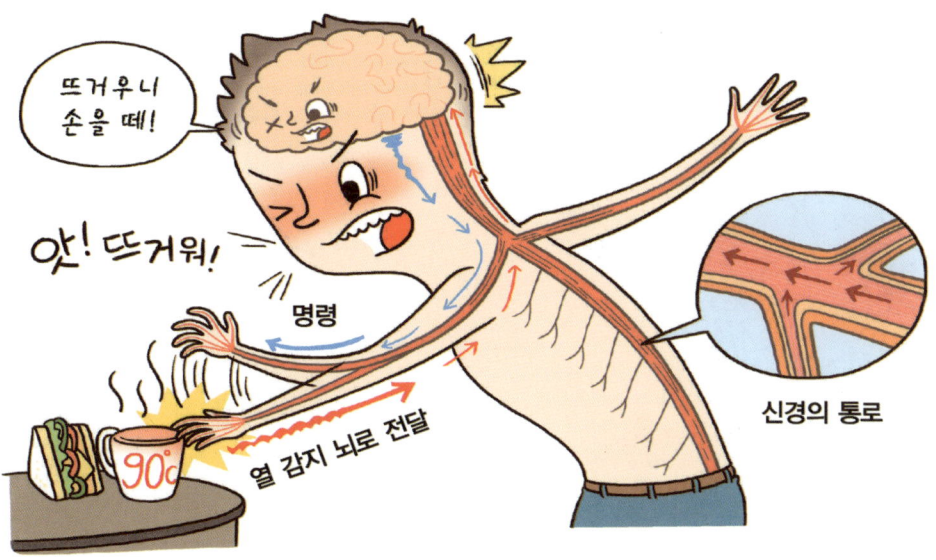

한편, 돌에 걸려 넘어지거나 머리 위쪽에서 물건이 떨어지는 위험한 상황이 되면 아주 잽싸게 몸을 피하기도 해요. 이때는 뇌가 신호를 보내는 게 아니에요. 척수가 뇌 대신 결정을 내려 무의식적으로 몸을 움직이게 하지요. 자극이 뇌에 전달되기 전에 척수가 명령을 내려 근육을 움직이는 거예요.

무릎의 움푹 팬 곳을 치면 순간적으로 발끝이 올라가는 것도 이와 비슷해요. 이를 '척수 반사'라고 하는데, 무릎에 가한 자극이 뇌에 전달되지 않고 곧바로 돌아와 순간적으로 근육을 오그라들게 하는 거예요. 이는 척수 속에 자동으로 그렇게 하도록 정해져 있기 때문이에요.

우리가 평상시에 걸음을 걸을 때도 '왼발을 내밀었으니 오른발을 내밀어야지.' 하고 생각하지 않는 것도 척수 반사 때문이에요. 그래서 뇌의 명

령을 받지 않고도 자연스럽게 걷고 설 수 있는 거랍니다.

호르몬이란?

호르몬은 우리 몸의 균형을 유지하기 위해 신체를 자극하는 화학 물질이에요. 그리스어로 '자극한다', '일깨운다'라는 뜻을 가지고 있는데, 우리 몸을 일깨우는 물질이라는 뜻이지요. 큰 소리를 듣거나 몸을 움직이거나 손으로 꼬집는 등 직접 자극을 줄 수 있지만, 중간에 간접적으로 전달해 우리의 몸을 일깨울 수도 있어요. 그것이 호르몬이에요.

예를 들어 우리가 달콤한 초콜릿을 먹으면 뇌에서는 자연적으로 만들어지는 '엔도르핀'이라는 호르몬을 내보내요. 그러면 우리는 '아, 달콤한 맛이 나를 기쁘게 해!' 하는 행복의 자극을 받게 되지요. 호르몬 분비가 원활하지 않으면 병이 생기고, 심하면 죽음에 이를 수도 있어요.

기억은 어디에서 할까?

우리는 하루하루 지내면서 많은 것들을 보고 접하고 느끼지요. 그런데 시간이 지나면서 어떤 것은 생각이 나고 어떤 것은 까맣게 잊힙니다. 우리는 이를 '기억이 난다.', '기억이 나지 않는다.'라고 해요.

　기억은 분명 떠오를 것 같은데도 전혀 생각이 나지 않는가 하면, 생각하지 않아도 저절로 떠올라요. 이는 엄청나게 많은 정보가 눈과 코와 입과 귀 그리고 피부로 전달되어 뇌 속에 저장되지만, 99퍼센트는 해마에서 해마 주변의 신경 회로와 대뇌 피질에 전달되는 도중에 걸러져서 일부만 남고 사라지기 때문이에요.

　기억은 생각해서 떠오르는 '사실 기억'과 저절로 떠오르는 '숙련 기억'으로 나뉘어요. 사실 기억은 대뇌 피질의 전두엽과 해마, 두정엽, 측두엽 앞부분에 저장돼요. 공부나 여행, 친구와의 놀이, 첫사랑과 같은 에피소드 등이 이에 속하지요.

　숙련 기억은 특별히 정해진 부위에 저장되는 것이 아니라 뇌와 척수가 사용돼요. 운동 신경과 관련된 기억으로, 자전거 타기나 수영,

기억의 단계

① 시각, 청각, 촉각 등을 통해 뇌에 1초 정도 보존한다.
② 해마에서 일시적으로 정보를 저장한다. 기억하는 시간이 몇 분에 지나지 않기 때문에 이를 '단기 기억'이라 한다.
③ 해마 주변에 있는 '기억 회로'라고 불리는 신경 회로에 전달한다. 며칠 정도 보존되며, 떠올리려고 애를 쓰면 기억할 수 있다.

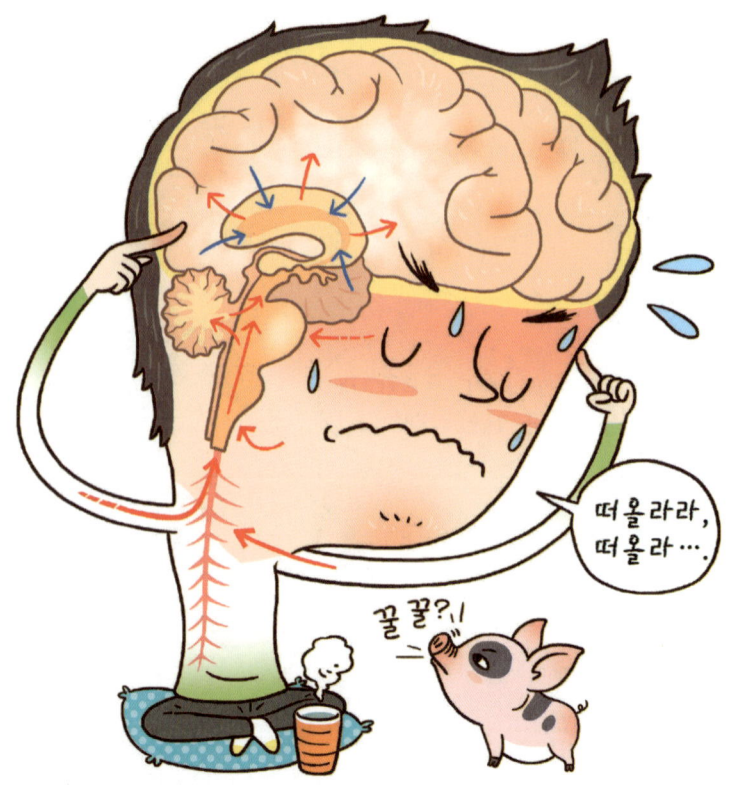

기억들이 회로를 빙빙 도는 동안에 대뇌 피질 가운데 감각 기관에서 전달되는 정보를 처리하여 근육에 운동 명령을 내보내는 작용을 하는 영역에서 정리가 된다. 이 기억은 적게는 몇 달에서 많게는 평생 기억된다.

피아노 치기 같은 '몸으로 익힌' 것이에요. 또 게임의 규칙이나 한번 익히면 잘 잊히지 않는 구구단과 같은 간단한 계산 방법, 주사를 보기만 해도 몸이 움츠러드는 것과 같이 의식하지 않고 순간적으로 몸으로 표현되는 기억 등이 이에 속해요.

뇌도 휴식을

잠은 단순히 쉬는 것이 아니에요. 우리가 살기 위해 물을 마시고 음식을 먹어야 하는 것처럼 잠은 우리 자신을 지키기 위한 본능이에요. 또한 몸과 정신의 피로를 동시에 푸는 매우 효과적인 휴식이지요.

쥐는 1주일 동안 잠을 재우지 않으면 죽어요. 사람도 잠을 자지 않으면 쥐 못지않게 건강을 해칠 수 있어요. 잠을 잘 못 자면 당뇨병이나 고

혈압, 심장 마비, 뇌졸중에 걸릴 확률이 높아지거든요.

하루에 적어도 6시간 이상 잠을 자는 것이 좋은데, 불면증이 있거나 하루에 2~3시간밖에 못 자는 사람들은 정상적으로 잠을 잘 자는 사람보다 일찍 죽는다는 연구 결과도 있지요. 또 잠을 잘 못 잔 사람은 술을 마신 것 같은 상태가 되어 갖가지 사고를 당할 위험이 높아요.

잠을 자지 않으면 뇌의 신경 세포가 망가지므로 기억력도 나빠져요. 그러므로 열심히 공부해야 하는 어린이 친구들은 8~9시간, 적어도 7시간 이상은 잠을 자야 해요. 게다가 살이 쪄서 비만이 될 수 있어요.

잠을 자지 않아 해쓱해지고 몸이 피곤하니 음식도 많이 먹지 못할 텐데, 도리어 살이 찐다니 이상하지요? 그 이유는 뇌가 제대로 쉬지 못해

쿨쿨 잘 자는 법
- 낮잠은 안 돼. 너무 졸리면 10~15분 정도만.
- 매일 규칙적으로 운동하자. 단, 잠자리에 들기 전에는 하지 말 것.
- 잠자리에 들기 2시간 전에 30~40분 정도 더운 물로 목욕하기.
- 따뜻한 물이나 우유, 보리차 등을 마셔 봐.
- 카페인이 들어 있는 커피나 홍차, 녹차, 초콜릿은 금물! 어른들은 술을 삼가세요.
- 아침에 일어난 뒤 30분 이내에 햇빛을 쐬자.
- 밤중에 일어나게 되더라도 밝은 빛은 피할 것.
- 잠자리에 너무 오래 누워 있지 않기.

자율 신경이 엉뚱한 일을 하기 때문이에요.

잠을 자지 않으면 몸에서 배부름을 느끼게 하는 호르몬 수치가 떨어지고, 반대로 음식을 먹고 싶게 만드는 호르몬 수치가 높아져서 밤에 간식을 찾게 해요. 또 밤에는 낮보다 덜 움직이게 되니 살이 찔 수밖에요.

우리 몸의 대장, 신경계

많은 사람이 서로 다투지 않게 오순도순 도와가며 잘 살려면 누군가는 이들을 이끌 사람이 필요해요.

학급에는 반장이 있고, 도시에는 시장이 있으며, 나라에는 대통령이 있어요. 만일 이들이 없다면 무엇이든 서로 자기 것이라고, 자기가 먼저 가겠다고, 먼저 하겠다고 나서서 곳곳은 아수라장이 될 거예요.

우리의 몸도 마찬가지예요. 눈을 치켜뜨고 침을 삼키는 일조차도 신체의 각 부분이 서로 조화롭게 움직이기 때문에 가능하답니다.

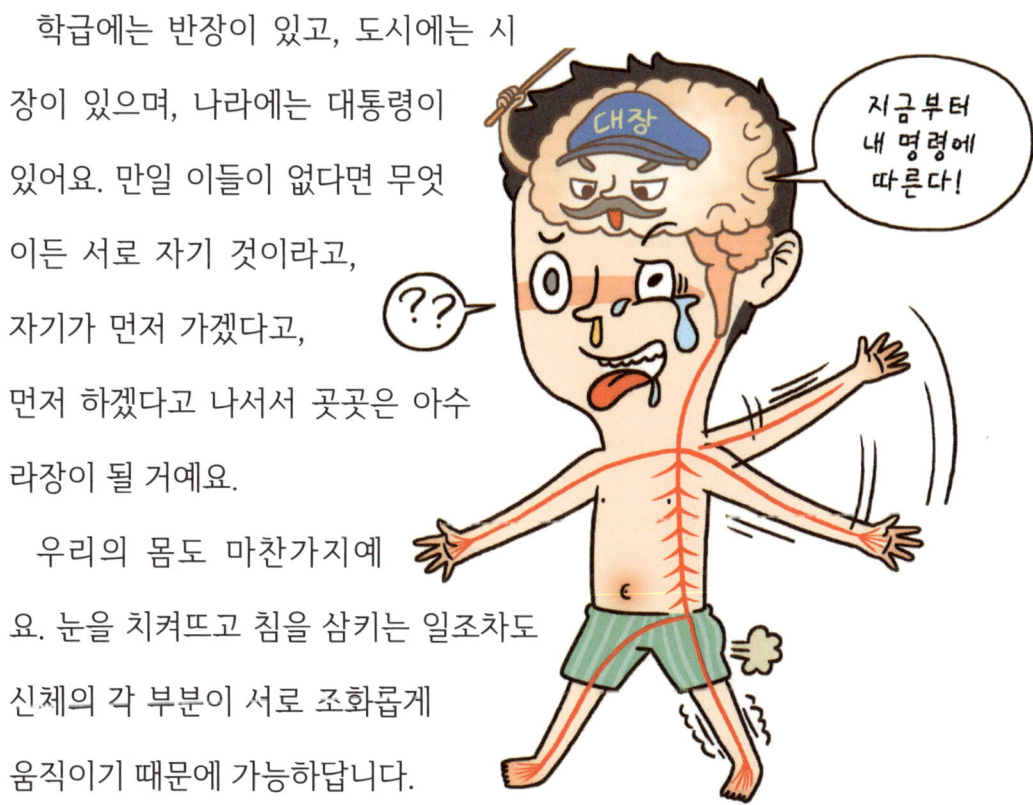

이처럼 우리 몸에는 신체의 각 부분을 조정하고 조절하는 기관이 있어요. 이를 '신경계'라고 해요.

신경계 중에서도 뇌와 척수는 우리의 몸 제일 꼭대기에 있으면서 온몸 곳곳에 명령을 내려 건강하게 지낼 수 있도록 한답니다.

몸 전체에 퍼져 있는 신경

신경은 중추 신경인 뇌와 척수를 포함해 몸 전체에 퍼져 있는 말초 신경으로 되어 있어요. 말초 신경은 뇌에서 뻗어 나온 좌우 12쌍의 뇌 신경과 척수에서 여러 갈래로 뻗어 있는 좌우 31쌍의 척수 신경을 모두 이르는 말이에요. 이 신경은 더욱 가늘게 나뉘어 몸의 구석구석으로 뻗어 나가 몸 전체를 연결하고 정보를 전달하며 기능을 조절해요. 우리 몸에서 신경이 분포하지 않은 곳은 손톱과 발톱, 머리카락 정도예요.

맛있는 음식도 감각 신경이 먼저

좌우 12쌍의 뇌신경 중에는 보거나 듣거나 만지거나 냄새를 맡거나 맛을 보는 감각을 전달하는 신경이 있어요. 이를 '감각 신경'이라고 해요. 눈, 귀, 코, 혀, 피부에 전달되는 자극은 감각 신경을 통해 대뇌에 전달돼요.

후각 신경은 냄새를 맡는 후각을, 시각 신경은 눈으로 보는 시각을,

내이 신경은 귀로 듣는 청각과 똑바로 걷거나 서게 하는 균형 감각을, 혀인두 신경은 혀에서 느낀 것을, 촉각 신경은 피부로 느낀 것을 뇌에 전달해요. 그리하여 '비에 젖어서 축축하고 춥다.', '고추장을 먹었더니 맵고 혀가 알알하다.' 같은 감각이 생기는 거예요.

부드러운 움직임을 좌우하는 운동 신경

대뇌에서 '움직여라!' 하고 명령이 내려지면 소뇌, 뇌줄기를 거쳐 척수에서 정리되어 그 명령을 최종적으로 행해야 하는 팔, 다리, 손 등으로 전해져요.

대뇌가 내린 동작 명령을 팔다리에 전달하는 것이 운동 신경이에요. 운동 신경의 끝은 근육과 연결되어 있어서 뇌의 신경 신호에 따라 근육을 움직여요.

운동 신경은 신경 세포가 다발로 된 것으로, 젊을 때에는 운동 신경의 직경(원을 잘랐을 때 둘레의 한 점과 다른 한 점을 이은 직선)이 두꺼워져서 전달 속도가 빠르지만, 나이가 들면 가

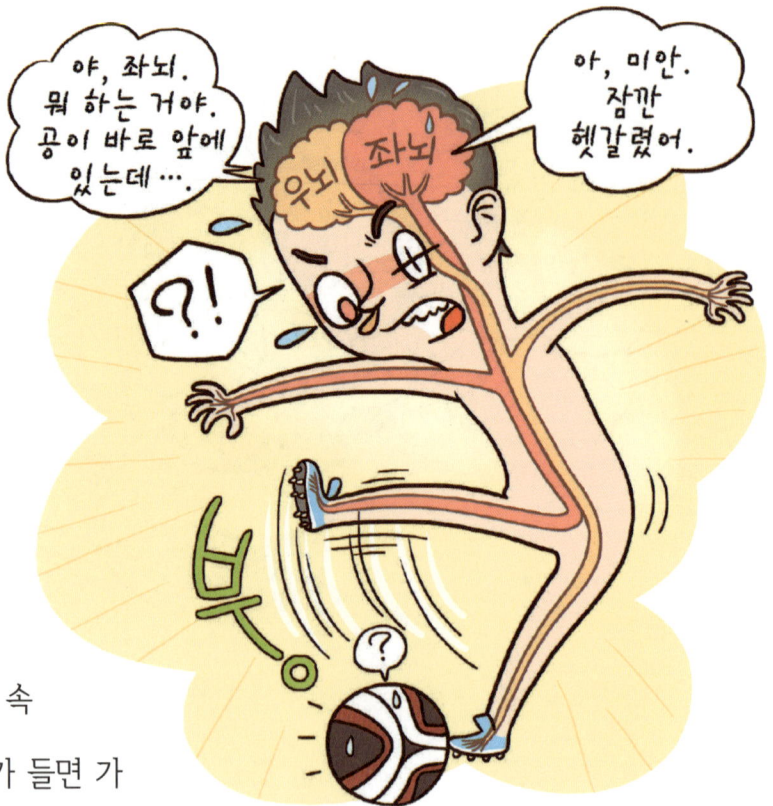

늘어져서 반응이 늦어져요. 그래서 나이 든 사람이 운동을 하면 젊은 사람보다 쉽게 지치고 잘하지 못하는 거예요.

그런데 좌·우뇌 각각의 대뇌 피질에는 몸의 운동을 조절하는 중심 부위가 있어요. 여기에서 척추까지는 같은 길로 내려오다가 '숨뇌'라는 부위에서 서로 엇갈려서 반대 방향으로 내려가요. 그리하여 좌뇌에서 내린 운동 명령은 척수의 오른쪽 길로 들어가 몸의 오른쪽에 분포하는 운동 신경으로 전달돼요.

반대로 우뇌에서 내린 운동 명령은 척수의 왼쪽 길로 들어가므로 몸의 왼쪽이 움직여요. 그래서 뇌의 좌우 어느 쪽이든 이상이 생기면 그

반대편 몸이 마비가 되는 등 장애가 오지요. 다시 말해 우뇌에 이상이 생기면 오른쪽 손과 발은 멀쩡하지만, 왼손이나 왼쪽 다리가 마비가 되거나 떠는 것과 같은 불편함을 겪게 된답니다.

언제 어디서나 움직이는 자율 신경

자율 신경은 뇌의 명령을 받지 않고 알아서 움직이는 신경을 말해요. 몸속 내장, 땀이나 침과 같은 분비선, 폐 호흡 등은 자율 신경의 지배를 받기 때문에 우리가 마음대로 조절할 수가 없어요.

자율 신경은 교감 신경계와 부교감 신경계로 나뉘어요. 교감 신경의 중심부는 척수에 있고, 부교감 신경의 중심부는 뇌줄기에 있어요. 이 둘은 서로 상반되게 움직여요.

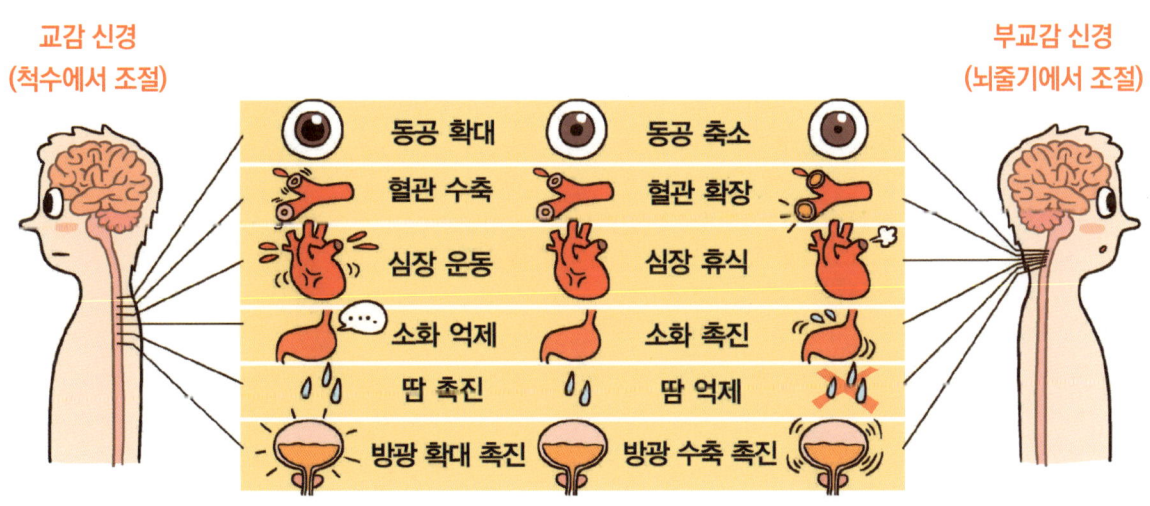

3 이목구비

얼굴의 감각 기관

 헬렌 켈러는 눈도 보이지 않고, 귀도 들리지 않는 장애인으로 평생을 살았어요. 아휴, 눈이나 귀 둘 중 하나만 문제가 생겨도 엄청 답답할 텐데. 아무것도 보이지도 들리지도 않다니요. 헬렌 켈러는 두 가지 이상의 장애를 안고도 대학을 졸업하고, 5개의 언어를 구사했으며, 책을 쓰는 작가로도 활동했어요. 참으로 대단하지요?

우리의 얼굴에 있으면서 보고 듣고 냄새를 맡고 음식을 먹고 느끼는 감각 기관을 통틀어 '이목구비'라고 해요.

눈, 코, 귀, 입은 우리가 살아나가는 데 반드시 필요한 신체 부위로, 하나라도 망가지면 매우 불편할 뿐만 아니라 각종 위험에 쉽게 노출된답니다.

우리를 둘러싼 환경을 인식하는 눈

눈은 몸 외부의 정보를 '본다'라는 방법으로 받아들이는 감각 기관이에요. 얼굴에 있는 감각 기관 중 눈이 받아들이는 정보의 양은 무려 80퍼센트나 된답니다. 눈은 태어날 때부터 있지만, 태어나자마자 잘 보이는 건 아니에요. 어린아이가 말을 익히는 것처럼 사물을 하나하나 보고 확인하면서 차츰 익숙해지는 거예요.

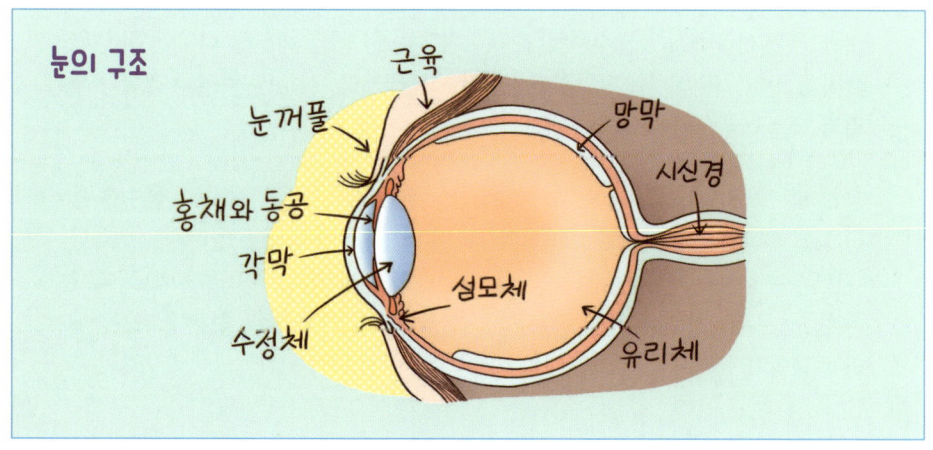

유리체 : 젤리 상태의 물질이 차 있어 눈의 전체 모양을 유지한다.

근육 : 눈(안구)을 움직이기 위해 3쌍의 근육이 연결되어 있다.

시신경 : 망막에 맺힌 상(풍경 또는 사물의 모습)을 뇌에 전달한다.

망막 : 눈 안쪽에 유리체를 싸듯이 붙어 있는 얇은 막으로, 카메라에서 필름 표면에 해당한다. 빛을 받아들이고 이곳에 연결된 상은 시신경을 통해 대뇌로 전달된다.

섬모체 : 수정체의 두께(굴절력)를 조정하는 근육이다. '방수'라는 영양분을 만들어 각막 안쪽과 수정체에 보낸다.

눈꺼풀 : 눈꺼풀 안에는 '결막'이라는 얇은 막에서 점액이 나오는데, 눈물샘에서 나온 눈물과 함께 눈을 깜빡거림으로써 결막과 각막을 마르지 않게 하고 세균을 씻어낸다. 점액 같은 것이 말라서 딱딱해진 것이 눈곱이다.

각막 : 눈의 가장 겉면이며 0.5밀리미터의 투명한 얇은 막이다. 빛이 각막에서 휘어 꺾여 들어가 동공으로 전달된다.

홍채·동공 : 홍채는 카메라의 조리개에 해당하는 것으로, 수정체 앞에 있다. 홍채의 한가운데는 빛을 통과시키는 창과 같은 동공이 자리하고 있다. 여기에는 멜라닌 색소가 있는데, 이 색소가 많으면 갈색, 적으면 파란 눈동자가 된다. 멜라닌 색소는 자외선을 차단하는 역할을 한다. 그러나 서양 사람들은 멜라닌 색소가 적어 선글라스가 필수품이다. 색소가 적으면 태양 광선을 너무 많이 받아들이게 되어 각막에 화상을 입거나 시력이 나빠지고, 심하면 눈의 수정체가 뿌옇게 되는 백내장에 걸릴 수 있기 때문이다.

수정체 : 수정체는 고무공처럼 탄성을 가졌다. 탄성이란 고무줄이나 용수철 등이 힘을 가하면 늘어났다가 힘이 사라지면 다시 본래의 상태로 돌아가는 성질을 밀한다. 수징체는 주위를 둘러싼 근육, 섬모체의 늘이고 줄어듦에 따라 두께가 변한다. 이 수정체와 섬모체 그리고 수정체를 받치고 있는 침소대가 조절되어 초점이 맞춰진다.

갓난아기는 빛의 밝고 어둠만을 느껴요. 태어난 지 1~2주 정도가 지나면 큰 물체를 어느 정도 볼 수 있는데, 6주가 지나야 웬만한 사물의 형태를 알아볼 수 있어요.

어떻게 보는 걸까?

우리가 사물을 보게 되면 사물에서 반사된 빛이 망막에서 휘어서 꺾여 들어가요.

이렇게 굴절된 빛은 동공을 통해 렌즈 역할을 하는 수정체에서 초점을 맞춰 유리체를 거쳐 망막에 도달해요. 만일 수정체를 거치지 않고

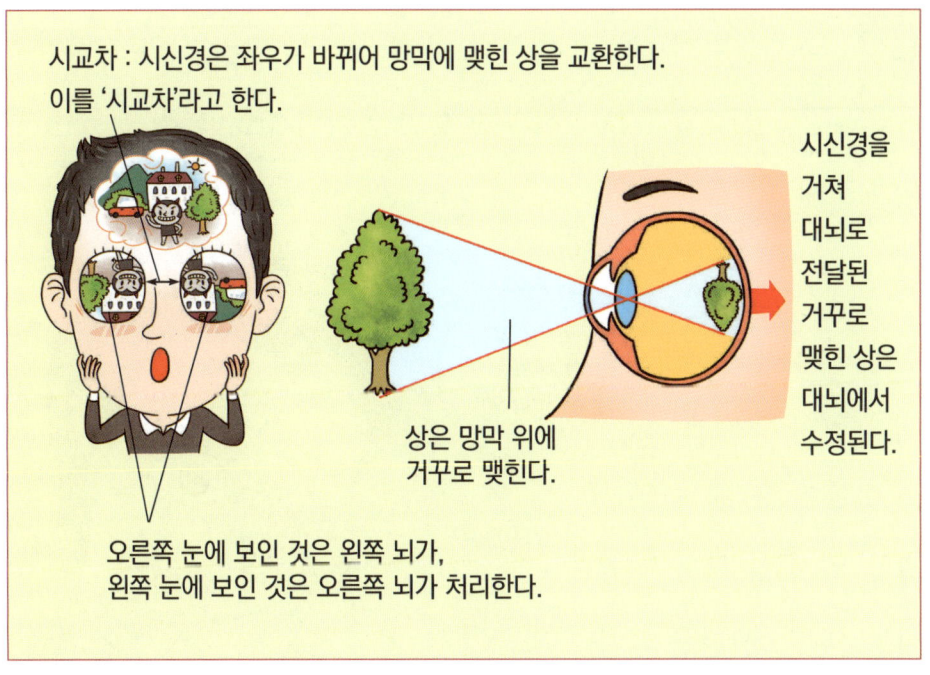

각막에서 굴절된 빛이 곧바로 망막에 도달하면 거리감을 알 수 없어요.

우리의 눈은 눈앞에 놓인 한 가지가 아니라 시야에 들어온 모든 것을 보기 때문에 먼 곳에 있는 사물과 가까운 곳에 있는 사물을 구별해야 해요. 이를 위해 수정체는 스스로 두께를 조절해 모든 사물에 초점을 맞춰요.

망막에 도달한 빛은 거꾸로 맺히는데, 시신경을 거쳐 대뇌에서 수정되어 똑바로 보게 돼요.

왼쪽 눈의 망막에 비친 상은 우뇌에서 받아들이고, 오른쪽 눈에 비친 상은 좌뇌에서 받아들이게 되는데, 같은 사물이라도 오른쪽 눈으로 본 것과 왼쪽 눈으로 본 것은 보이는 각도가 조금씩 달라요. 한쪽 눈으로는 160도 정도밖에 보이지 않지만, 양쪽 눈으로 보면 시야가 넓어져 200도 정도까지 보이지요. '시야'란 눈을 움직이지 않고 볼 수 있는 범위를 말해요.

눈물

눈물은 슬플 때나 하품을 할 때 나온다고 알고 있지만, 사실은 항상 나온답니다. 사람은 잠잘 때와

눈을 깜빡거릴 때를 제외하고는 항상 눈을 뜨고 있기 때문에 눈물로써 끊임없이 영양과 산소를 각막에 공급하고 작용을 도와요.

눈물은 살균력이 있는 효소가 들어 있어서 소독을 해요. 먼지가 들어가면 눈물이 많이 나와 씻어내지요. 슬픔이나 기쁨 같은 감정을 느꼈을 때는 뇌신경 안에 있는 안면 신경의 부교감 신경에 전해져 전달 물질이 나오고 이것이 눈물샘에 도달되어 눈물이 나오는 거예요. 하루에 분비되는 눈물의 양은 안약 20방울 정도예요.

소리를 듣는 귀

귀는 소리를 듣는 기관이에요. 한 번쯤은 실 전화를 만들어 논 적이 있을 거예요. 얇은 실로도 소리를 들을 수 있는 이유는 소리가 공기의

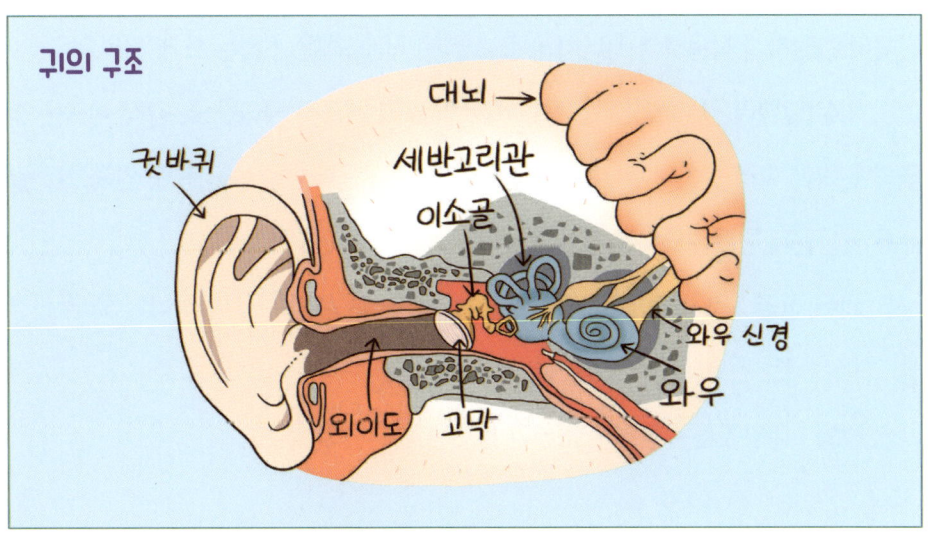

진동을 통해 전달되기 때문이에요.

공기는 눈에 보이지 않아 소리가 어떻게 진동되는지 확인할 수 없지만 눈에 보이지 않는 무수한 작은 입자에 부딪혀 소리를 낸답니다. 이렇게 만들어진 소리는 다음과 같은 경로를 통해 전달돼요.

1. **귓바퀴** : 소리를 모으는 부분으로, 외이도와 연결되어 있어요. 외이도는 좁은 통로이지만 소리가 이곳을 지나도 작게 줄어들지는 않지요. 우리가 소리를 크게 내기 위해 손을 모으고, 스피커의 소리내는 쪽이 고깔처럼 생긴 것도 소리를 모으기 위함이에요.

2. **고막** : 외이도를 통해 들어온 소리는 고막을 울려 이소골로 전달돼요. 큰 소리는 크게, 작은 소리는 작게 울려요.

3. **이소골** : 망치뼈, 모루뼈, 등자뼈가 V자를 뒤집어 놓은 모양으로 연결되어 있어요. 망치뼈와 모루뼈는 인대라는 근육이 연결해 고정하고 있어요. 이 인대와 주위의 근육이 긴밀하게 작용하여 지나치게 큰 소리는 작게, 작은 소리는 크게 키워요.

4. **와우(달팽이관)** : 소리의 진동이 와우의 감각 세포를 자극해요. 감각 세포는 소리의 높이에 따라 반응하는 위치가 다른데, 입구 부근에서는 높은음에, 안쪽으로 갈수록 낮은음에 반응해요.

5. **와우 신경** : 감각 세포가 받아들인 소리는 내이 신경 가운데 하나인 와우 신경을 거쳐 대뇌로 진달돼요.

6. **대뇌** : 대뇌에서는 들려온 소리가 무엇인지 판단해요.

사람이 들을 수 있는 소리

- 소리는 공기의 진동에 의해 생긴 '음파'가 귀에 들리는 것이다. 인간은 진동수 20~20000헤르츠 정도의 음파(공기 속에서 20~20000번 정도 파도처럼 떨면서 들려오는 소리)를 들을 수 있다.
- 데시벨(dB)은 소리의 크기를 나타내는 단위이다. 정상적인 귀로 들을 수 있는 가장 작은 소리의 크기는 0데시벨.
- 보통 40데시벨이 넘으면 잠을 잘 수 없고, 60데시벨이 되면 초조해지며, 80데시벨이 되면 밥맛을 잃을 정도가 된다. 100데시벨이 넘으면 가슴이 두근거려 정신이 하나도 없으며, 130데시벨이 되면 귀가 아프고, 150데시벨에 이르면 고막이 찢어진다.

몸의 균형을 유지하는 귀

우리가 흔들리는 버스나 지하철 안에서 넘어지지 않고 서 있을 수 있는 비밀은 귓속에 있어요. 우리의 귓속에는 몸의 균형을 유지하는 기관이 있어요. 만일 이 기관이 없다면 걷기는커녕 베개에서 머리를 드는 것조차 힘들어지지요.

귓속에는 세반고리관이 있고, 그 중심에 전정 기관이 있어요. 그리고 그 속에는 림프액이 차 있고 유모 세포가 있지요. 우리가 몸을 움직이면 액체 같은 림프액이 흐르고, 유모 세포가 림프액의 흐름에 자극을 받아 느끼는 구조로 되어 있어요.

세반고리관은 전반고리관, 후반고리관, 측반고리관의 세 부분으로 나뉘어요. 전반고리관은 고개를 양옆으로 흔들 때 또는 비스듬히 할 때, 후반고리관은 고개를 끄덕일 때, 측반고리관은 고개를 돌릴 때 균형을 잡아 줘요.

전정 기관은 타원주머니와 소낭으로 되어 있어요. 타원주머니에는 세로로, 소낭에는 가로로 이석이 붙어 있어요.

이석은 작은 알갱이로, 머리를 기울면 지구의 중력에 끌려서 움직여요. 이석 아래에는 감각모와 신경이 있는데, 이석이 움직이면서 감각모를 자극해 몸의 위치를 신경에 전달해 균형을 잡아 줘요. 사람은 똑같은 자세로 있지 않기 때문에 이석은 끊임없이 움직인답니다.

숨을 들이쉬는 코

푸른 풀과 나무들이 저마다 햇빛을 받으며 무럭무럭 자라나는 한적한 시골길. 윽, 갑자기 지독한 냄새가! 논과 밭에 거름을 주기 위해 쌓아 놓은 거름

냄새, 소똥 냄새지요. 서둘러 코를 막지만 오래지 않아 손을 뗄 수밖에 없어요. 그 이유는 코로 숨을 쉬어야 하기 때문이지요. 물론 입으로도 숨을 쉬지만, 코만큼 편하게 숨을 쉴 수는 없어요.

코의 안쪽, 콧구멍에서 목젖 윗부분에 이르는 코 안의 빈 곳을 '비강'이라고 해요. 여기에는 좌우에서 튀어나온 단단한 주름이 3개 있어요. 콧속에 들어온 공기가 이곳을 지나가는 동안 공기에 섞여 있던 아주 작은 먼지들이 제거돼요. 콧구멍 속에 있는 코털도 공기와 함께 빨아들인 먼지를 제거해 폐에 깨끗한 공기를 전달해요.

냄새를 맡는 코

개를 비롯한 많은 동물이 냄새로 물건이나 먹을 것을 찾고 적으로부터 자신을 보호해요. 처음에는 우리 인간들도 후각이 발달했지만, 문화 생활을 하면서 후각 능력을 점점 잃었다고 해요. 동물은 냄새를 맡는 세포 수가 1~2억 개나 되는 반면, 인간은 500만 개 정도예요.

맛있는 냄새가 공기 속에 퍼지면 숨을 들이마실 때 비강의 가장 윗부분에서 냄새를 받아들여 그 자극을 대뇌로 보내요. 그러면 뇌는 침이 나오게 하고, 음식을 먹고 싶다는 마음을 일으키지요.

한편, 코가 막히면 자기도 모르게 입으로 숨을 쉬게 되고, 흐름이 바뀐 공기가 비강의 가장 윗부분까지 도달하지 않아 냄새를 맡기 힘들어

져요.

냄새를 맡는 후각 신경은 매우 민감해서 쉽게 지쳐요. 그래서 기분 나쁜 냄새를 맡았다 해도 조금만 지나면 신경이 둔해지므로 냄새에 별 반응을 보이지 않게 돼요. 가끔 사람들이 유해 가스에 중독되어 응급실에 실려 가거나 죽음에 이르는 것도 후각 신경이 둔해진 탓이에요.

코와 눈과 귀와 목은 하나?

우선 코와 눈이 연결되어 있다는 사실은 눈물을 통해서 확인할 수 있어요. 누선에서 나온 눈물은 비루관을 거쳐 코로 나와요. 보통은 비루관을 지나는 동안 말라 버리지만, 눈물이 가득 차면 마를 새가 없어 콧물이 되어 흘러나와요.

코와 귀는 긴 대롱 모양인 '이관'으로 연결되어 있어요. 귀에 물이 들

어갔을 때 코를 쥐면 귀에서 물이 스르르 흘러나오는데, 이는 귀에서 코로 공기를 빼내는 것으로 물을 내보낼 수 있기 때문이에요. 이때는 체온 때문에 증발하므로 면봉을 이용해 귀를 후빌 필요가 없어요. 그러다 상처가 나면 귓병이 생기므로 귀를 후비지 말아요.

코와 입, 목은 '연구개'라는 판이 바뀌면서 음식을 보내는 식도와 공기를 보내는 기도에 연결돼요. 재채기를 할 때 연구개는 식도를 막고 코와 기도를 연결해요. 가끔 밥을 먹다가 재채기를 하면 식도로 가지 못한 밥알이 코로 나오기도 하지요.

또한 코와 입이 연결된 까닭에 목에 있는 성대에서 만들어진 목소리가 더 개성 있게 변해요. 특히 코에서 공기를 내보내는 소리를 '비음'이라고 하는데, ㅁ(m)과 ㄴ(n), ㅇ(g) 음이 잘 울려서 코맹맹이 또는 앵앵거리는 듯한 소리를 내기도 해요.

맛을 느끼는 입과 혀

입과 혀 그리고 이는 서로 협동해서 음식물을 씹어 잘게 부수고 침과 섞어 식도로 보내요. 혀를 자세히 살펴보면 작은 알맹이들이 한 면에 나란히 늘어서 있는 것을 볼 수 있는데, 이것이 '미뢰'라는 세포 조직이에요. 단맛과 짠맛, 신맛, 쓴맛의 네 가지 맛을 감지하지요.

미뢰는 물이나 침에 녹아든 음식물에 반응해 그 자극을 미각 신경을 거쳐 대뇌 피질의 미각을 담당하는 부분에 전달해요.

흔히 음식이 식으면 따뜻할 때보다 짜게 느껴져요. 단맛과 쓴맛 그리고 신맛은 체온과 비슷할 때 민감하게 느낄 수 있지요. 또 단팥죽, 떡 같은 음식을 만들 때 소금을 넣는답니다. 맛을 느끼는 감지기는 짠맛보다 단맛에 더 강한 자극을 느끼는데, 이런 까닭에 음식의 단맛을 더 이끌어내기 위해서예요.

그리고 우리가 '맛있다.'라고 느끼는 것은 미각과 더불어 시각, 후각 등의 도움 덕분이에요. 예쁜 그릇에 음식이 정갈하게 담긴 것을 보거나 고소하고 향긋한 냄새에 저절로 침이 고인 적이 있을 거예요.

이렇듯 음식의 빛깔이나 그릇에 담긴 모양, 냄새 같은 것들이 음식의 맛과 함께 어우러져야 맛있다는 생각이 든답니다.

입 안에 세워진 기둥

이는 눈에 보이는 부분을 '치관', 잇몸에 묻힌 부분을 '치근'이라 하며, 우리가 흔히 잇몸이라고 하는 부분을 '치육'이라고 해요. 이의 중심에는 가늘고 긴 빈 부분에 '치수'라고 하여 가는 혈관과 신경이 들어차 있어요. 이곳이 상하면 통증을

느껴요. 그다음에는 상아질로 되어 있는데, 노란색을 띠고 있으며, 이의 표면인 에나멜질보다는 부드러워요. 상아질 다음에는 시멘트질로 되어 있는데, 뼈와 비슷하지만 칼슘이 적어요.

이의 가장 겉부분인 에나멜질은 흰색을 띠며 몸에서 가장 단단해요.

큰 이와 작은 이

이는 태어난 지 6개월쯤부터 나기 시작해요. 그리고 세 살이 되면 거의 다 나는데, 이를 '젖니(작은 이)'라고 해요. 자라면서 턱이 발달하면 젖니로는 부족해져서 '영구치(큰 이)'로 갈게 돼요. 영구치는 젖니 아래 잇몸 속에서 준비하고 있다가 때가 되면 젖니를 밀어내고 나온답니다. 젖니가 다 나오면 더는 숨어 있는 이가 없으므로, 영구치를 잘 관리해야 해요.

턱의 뼈대는 초등학교 6학년 정도가 되면 완성되기 때문에 더는 이를 갈지 않게 되요. 이때 얼굴의 형태도 완성돼요.

보통 영구치는 사랑니를 포함해 위아래로 모두 32개가 있어요.

젖니가 나는 순서

이의 특징

앞니는 가위
음식물을 가위처럼 깨물어 자른다.
야채와 과일을 깨물 때 주로 쓰인다.

송곳니는 칼
음식물을 잡아 찢는 칼 역할을 한다.
고기를 먹을 때 주로 쓰인다.

작은어금니는 절구와 공이
씹어 자른 음식물을 부수거나 찢는 역할을 한다.
그렇게 하기 위해 다른 이와 달리 올록볼록하게 생겼고,
위아래 이가 맞물려 잘게 부술 수 있다.

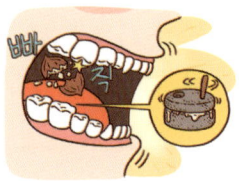

큰어금니는 맷돌
작은어금니와 마찬가지로 음식물을 잘게 부순다.
가장 힘이 많이 들어가는 이로 단단한 음식을
부술 때도 쓰인다.

덧니와 사랑니

덧니란 젖니 곁에 포개어 난 이를 말해요. 젖니를 갈 때 제때에 뽑지 않으면 덧니가 생기지요. 덧니가 되는 것은 송곳니뿐이에요. 송곳니는 양옆의 이보다도 가는 시기가 늦기 때문에 먼저 난 양옆의 이가 자리를

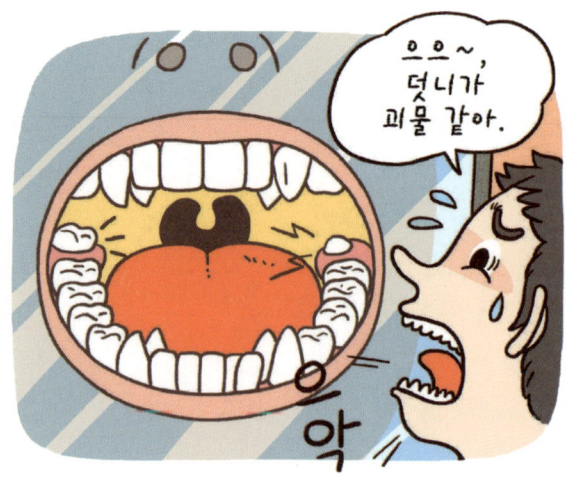

다 차지해서 송곳니가 나올 공간이 없으면 덧니가 돼요.

몸이 자라는 속도보다 이가 자라는 속도가 더 빠르면 덧니가 생기는데, 턱이 아직 작을 때 다 나오지 못한 큰 이가 먼저 나오려고 서로 밀어내다 보면 송곳니가 옆으로 튀어나와 덧니가 돼요.

사랑니는 열여덟 살에서 마흔 살 사이에 나는 큰어금니예요. 제일 안쪽에 나기 때문에 먼저 앞쪽에 난 이가 자리를 차지해 잘 나기도 어렵고 칫솔이 잘 닿지 않아 충치가 되기 쉬워요. 그래서 특별한 이유가 없는 한 뽑아 버려요.

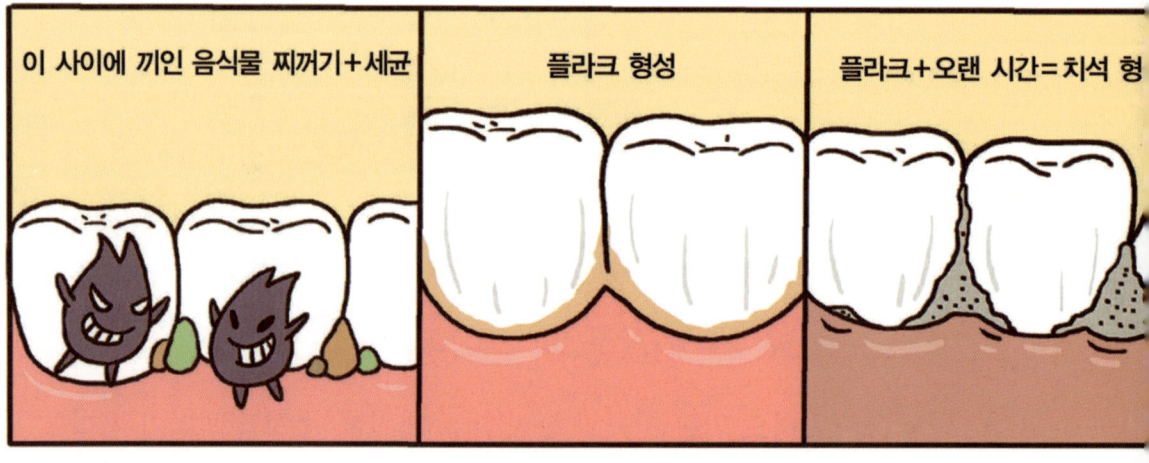

입 속에 벌레가?

충치는 벌레가 파먹어 이가 파이는 질환이에요. 염증이 생기고 아프지요. 충치의 원인은 이 사이에 끼인 음식물의 찌꺼기예요.

여기에 세균이 들러붙으면 음식물 찌꺼기의 당분, 전분과 만나 끈끈한 상태의 물질로 변해요. 이것을 '플라크'라고 해요. 플라크는 산을 만들어내는데, 산은 이의 주성분인 칼슘을 약하게 해서 충치나 잇몸 질환을 일으키지요.

여기서 의문점 한 가지, 이가 산에 약하기 때문에 식초가 든 음식은 먹지 않겠다고요? 식초가 든 음식보다도 더 위험한 게 콜라, 사이다 같은 탄산음료예요. 탄산음료에는 칼슘을 녹이는 인산이 들어 있거든요.

입 속의 세균이 좋아하는 당분이 많이 든 음료수나 과자, 빵도 좋지 않지요. 이 모든 것을 먹고도 이가 건강하려면 어떻게 해야 할까요?

치아의 건강을 위해 반드시 지켜야 하는 습관은 양치질이에요. 당분이 많은 음료수나 과자 같은 것을 먹은 뒤에는 바로 양치질을 하고, 탄산음료보다는 물을 충분히 마셔 입이 마르지 않게 해야 해요. 입이 마르면 세균이 얼씨구나 하고 좋아해요.

탄산음료를 마신 뒤에는 바로 양치질하지 말고 10분 정도 기다렸다가 해야 해요. 탄산음료의 인산이 이의 표면에 붙어 녹이려고 하는데 칫솔질을 하면 이의 표면을 더 깎아내게 되기 때문이에요.

또 사고로 치아가 빠졌을 때는 빠진 치아를 생리 식염수나 우유 또는 입 안에 넣어 1~2시간 안에 병원에 가면 다시 붙일 수 있어요.

치아에는 토마토, 오이, 당근 같은 식이성 섬유가 풍부한 채소가 좋아요. 채소의 식이성 섬유는 씹는 도중에 이의 표면을 닦아 주어 치아를 보호하는 효과가 있어요.

또 칫솔질만으로는 이 사이에 낀 음식물을 완벽하게 제거할 수 없으므로 치실이나 치간 칫솔을 이용해 꼼꼼하게 관리해요.

치석과 치태가 오래되어 칫솔질로도 제거되지 않을 때는 치과에서 스케일링을 받는 게 가장 좋아요.

소리를 내는 목

사람마다 각기 다른 목소리를 가지고 있어요. 목소리로 사람을 구별하기도 하지요.

어떤 사람은 아름다운 목소리를 갖고 태어나 노래를 잘하는가 하면, 어떤 사람은 쇳소리같이 거친 목소리 때문에 말을 아끼기도 해요. 목소리는 성대 사이의 좁은 틈을 통해 토해낸 숨이 성대를 진동시키고 인두와 코와 입에서 울려 나오는 소리예요.

사람의 목소리가 저마다 높고 낮은 것은 성대가 얼마나 많이 떨리고 덜 떨리느냐에 달려 있어요. 보통 목소리를 낼 때 1초에 100~300번 정도 성대기 떨려요. 이보다 많으면 가늘고 높은 소리가 나고, 이보다 적으면 굵고 낮은 소리가 나지요.

또한 사람마다 목소리가 크고 작은 이유는 폐에서 내보낸 공기의 압력에 따라 달라지기 때문이에요. 그리고 우리가 속삭이는 소리를 낼 때는 성대의 틈이 조금 열리고, 큰 소리를 낼 때는 성대의 틈이 닫혀요.

목의 구조

목은 코의 안쪽에서부터 기관이 시작되는 부분까지 해당되는 신체 부위로, 크게 인두와 후두의 두 부분으로 나뉘어요.

인두는 입과 코가 연결된 연구개와 후두개가 있고, 식도와 기관으로 나뉘어요. 식도는 음식물이 지나가는 통로이고, 기관은 공기가 지나가

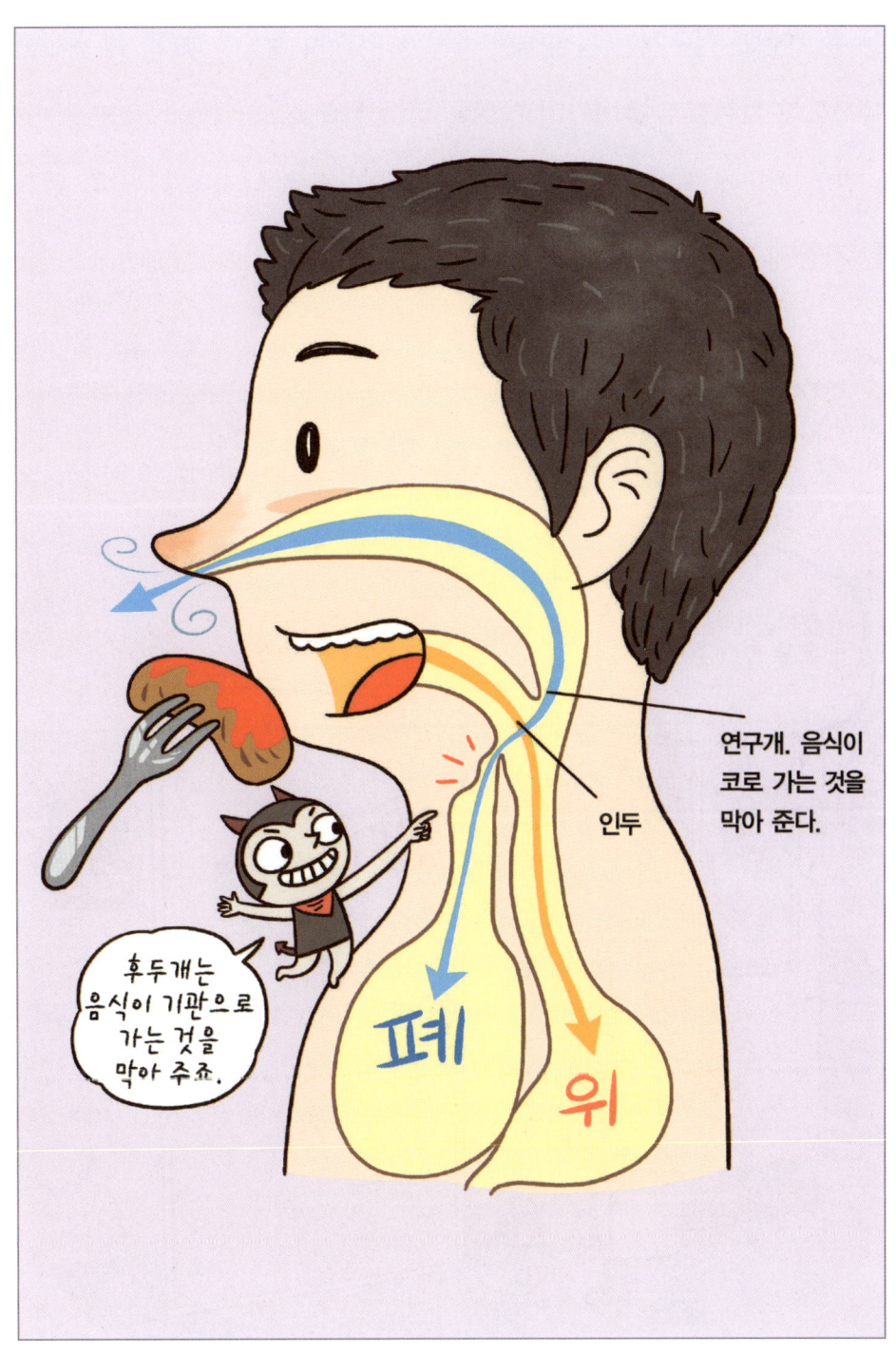

는 통로예요. 연구개는 음식물이 코로 들어가지 않도록 하고, 후두개는 음식물이 기관으로 들어가지 않도록 막아 줘요.

만일 연구개와 후두개가 없다면 음식물이 코로 나와 숨이 막혀 위험한 지경에 이를 거예요.

변성기

사춘기가 되면 남자아이는 목소리가 잘 나오지 않고 쉰 목소리가 나

요. 이를 '변성기'라고 해요.

이 시기가 되면 목의 연골이 발달해 앞뒤로 튀어나와 크기가 커지지요. 소리를 내는 데 중요한 부위인 성대는 연골에 붙어 있기 때문에 연골이 발달함에 따라 성대도 길어져요.

성대는 길어지면 낮은 소리를 내지요. 아이의 목소리에서 어른의 목소리가 되는 거예요. 여자아이는 남자아이처럼 눈에 띌 정도로 변성기가 오지 않아요. 조금 음이 낮아질 뿐이라서 눈치채지 못하고 그 시기를 지나게 돼요.

변성기 때 무리해서 소리를 내게 되면 평생 이상한 목소리로 살아가야 하므로 목을 잘 보호하세요.

4 피부, 근육과 관절

평생 바뀌는 피부

엄마의 화장대를 보면 스킨부터 해서 로션, 크림, 에센스, 팩 등 탱탱한 얼굴 피부를 유지하기 위해 도움을 주는 화장품이 가득해요. 손에는 핸드크림, 발에는 풋크림, 목욕을 마친 뒤에는 보디로션도 바르지요. 사람들은 왜 우리의 몸을 둘러싼 피부를 가꾸기 위해 애를 쓰는 것일까요?

그 이유는 피부는 신체의 표면을 전부 덮고 있는 가장 큰 기관으로, 매일같이 자라고 새롭게 바뀌기 때문이에요. 목욕할 때 때가 밀리고, 나이가 들면 주름이 생기는 것만 봐도 알 수 있어요.

피부의 기능

피부는 세균이 몸속으로 들어오는 것을 막아 감염되지 않도록 하고, 햇빛이나 열을 막아 몸속 기관을 보호해요. 촉각과 온도, 통각을 느낄 수 있어요. 통각은 고통을 느끼는 감각을 말해요. 바늘로 찌르는 것이나

날카로운 것에 베였을 때 느끼는 감각이지요.

피부는 눈으로 보는 것 다음으로 위험한 물질, 도구를 감지하여 피할 수 있도록 해 줘요. 또 날씨가 더우면 땀을 흘리고 추운 겨울에는 열이 달아나지 않도록 해서 체온을 항상 36.5~37.5도를 유지해요.

땀은 99퍼센트 이상이 물이고, 나머지는 짠맛을 내는 염분과 젖산, 단백질 성분으로 이루어져 있어요. 땀을 많이 흘리면 땀 냄새가 나는데, 사춘기가 되면 겨드랑이와 음부에 있는 아포크린샘이 발달해요. 여기에서 나는 땀 때문에 냄새가 나는 거예요. 땀 냄새가 지독한 사람은 이 아포크린샘을 없애는 수술을 받기도 해요.

피부의 구조

피부는 매일같이 씻고 만지는 표피와 표피 아래쪽에 있는 진피 그리고 피하 조직으로 되어 있어요. 표피는 눈으로 확인할 수 있다시피 보들보들 매끄러운 우리 몸의 겉부분이에요. 표피에는 땀구멍과 털이 나오는 구멍이 있어요.

진피에는 땀을 분비하는 한선과 털이 자라는 모낭이 있고 신경이나 혈관이 지나가지요. 만일 화상을 입으면 신경과 혈관이 손상되어 원래대로 돌아가지 않아요. 화상으로 피부의 3분의 1 이상이 손상되면 생명을 잃을 수도 있어요.

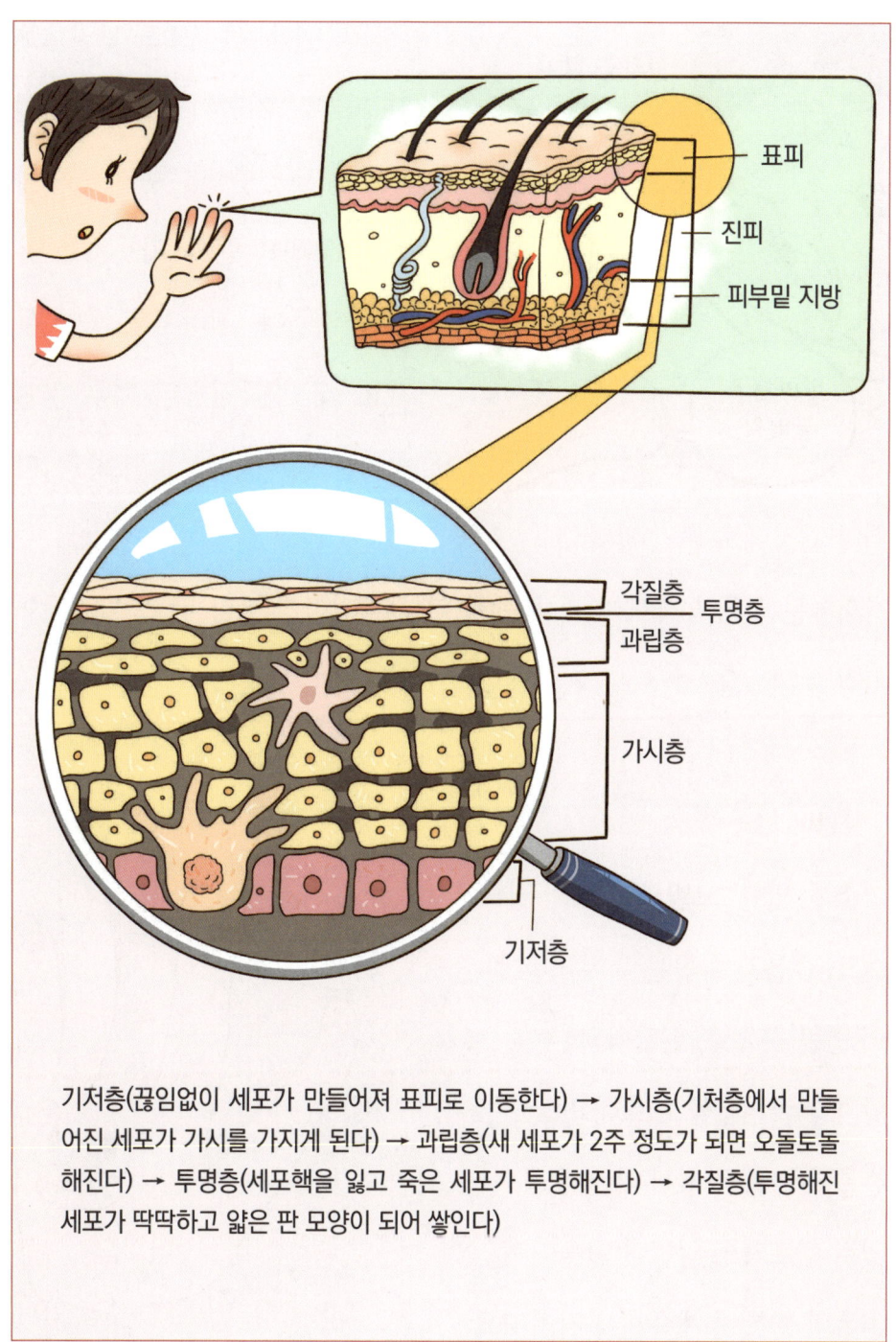

기저층(끊임없이 세포가 만들어져 표피로 이동한다) → 가시층(기처층에서 만들어진 세포가 가시를 가지게 된다) → 과립층(새 세포가 2주 정도가 되면 오돌토돌해진다) → 투명층(세포핵을 잃고 죽은 세포가 투명해진다) → 각질층(투명해진 세포가 딱딱하고 얇은 판 모양이 되어 쌓인다)

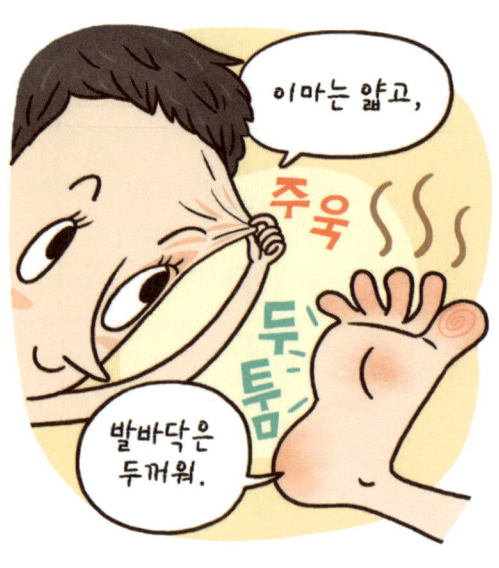

진피 아래에는 포도 모양으로 된 피부밑 지방이 있어요. 무언가에 부딪쳤을 때 쿠션 역할을 하고, 우리의 몸을 따듯하게 유지시켜 주며, 에너지를 쌓아 두지요. 하지만 지방이 너무 많이 쌓이면 움직일 때 불편할 뿐 아니라 건강에도 좋지 않아요.

피부는 신체 부위에 따라 두께가 다른데 이마가 가장 얇고, 발바닥이 가장 두꺼워요.

모양이 다른 피부

손톱, 발톱, 모발도 피부의 일부예요. 손톱과 발톱은 피부의 각질이 변한 것으로, 손가락과 발가락 끝부분을 보호해요. 손톱과 발톱의 뿌리 부분에 있는 세포가 끊임없이 만들어져 손톱과 발톱이 계속해서 자라지요.

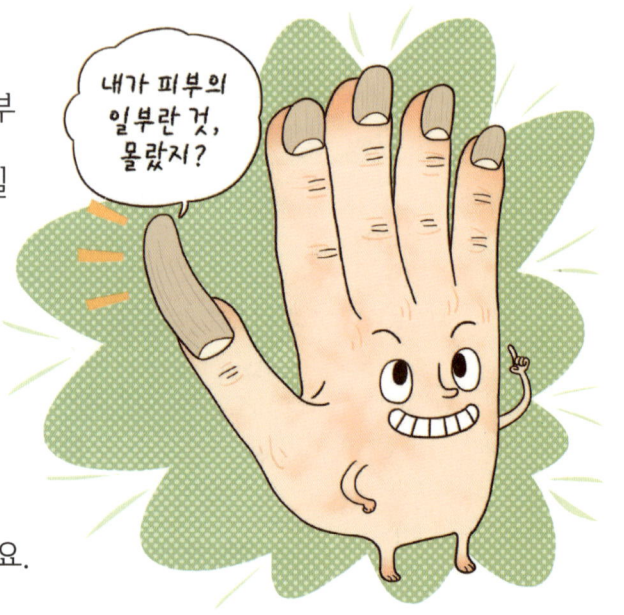

모발은 우리의 몸에 나는 털을 이르는 말로, 머리에 나는 털을 두발이라고 해요. 그 밖에 신체 부위에 나는 곳에 따라 턱수염·눈썹·속눈썹·코털·귀털·겨드랑이 털·음모가 있어요. 모발도 피부의 각질이 변해서 된 것이에요. 모발은 외부의 자극에 약한 부위를 보호하고, 체온을 조절하며, 촉각을 가지고 있어요.

우리 몸에서 1주일에 1번 또는 2번 정도는 꼭 잘라 줘야 하는 것은 무엇일까요? 손톱과 발톱이에요. 만일 손톱이 없다면 손끝에 힘이 들어가지 않아 물건을 집을 수가 없고, 가려운 곳을 긁을 수도 없어요. 피아노를 친다거나 바이올린을 켤 수도 없지요. 발톱이 없다면 걸을 때마다

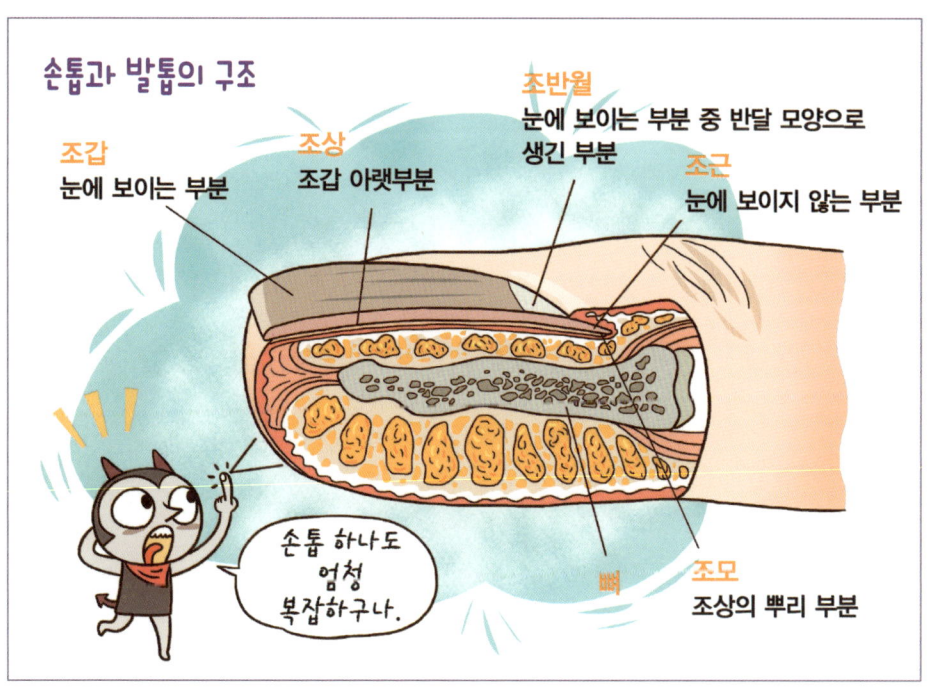

발끝이 아파서 걷기 힘들 거예요. 특히 운동선수들은 엄지발톱이 없으면 제대로 뛸 수가 없어요. 움직일 때 엄지발가락에 엄청 많은 힘이 들어가기 때문이지요.

손톱은 단단해서 뼈로 오해하는 사람도 있는데 실제로는 피부의 일부예요. 죽은 세포인 각질이 변한 것이라서 잘라도 아프지 않아요. 손톱과 발톱은 반달 모양 아래쪽에 있는 조모에서 하루에 0.1밀리미터 정도 자라는데, 3개월이면 손톱 끝까지 자라요. 손톱이 상하더라도 조모가 멀쩡하면 다시 예쁘게 손톱이 자라요.

조반월은 흔히 건강과 관계가 있다고들 하는데, 사람마다 색이나 모양, 크기가 다를 뿐 별 상관이 없어요.

모발

엄마는 머리카락을 자른 지 얼마 되지도 않았는데, 또 자르라고 합니다. 엄마는 파마한 지 얼마 안 된 것 같은데 다 풀렸다며 또 미용실을 가지요. 그 이유는 모발이 매일 자라기 때문이에요. 그리고 길게 자라지요. 성장이 멈춘 모발은 빠져요. 빠진 곳에서는 또다시 새로운 모발이 자라요.

모발은 몸의 부위에 따라 자라는 기간과 수명이 달라요. 속눈썹은 3~4개월 정도면 빠져요. 머리카락은 1달에 1센티미터 정도씩 자라고

3~4년 정도면 수명을 다해요. 이렇게 자라는 속도와 수명이 다르기 때문에 길이도 제각각이에요.

모발이 자라는 데는 남성 호르몬의 영향을 받아요. 남자든 여자든 누구나 남성 호르몬을 가지고 있어요. 다만 남자가 남성 호르몬을 더 많이 가지고 태어나는 것이지요.

머리카락과 속눈썹, 눈썹을 제외한 모발은 남성 호르몬 덕분에 쑥쑥 자라요. 하지만 머리카락은 반대로 남성 호르몬이 많으면 머리카락이 빠지는 탈모를 진행시켜 대머리가 되게 해요. 그래서 여자는 남자보다 탈모가 일어나는 경우가 많지 않고, 완전한 대머리가 없어요.

또 남성 호르몬이 많은 사람은 수염이나 가슴 털은 많아도 대머리인 경우가 많아요. 속눈썹과 눈썹은 남성 호르몬과 상관없이 자라요.

왜 흰머리가 나는 걸까?

머리카락의 색깔도 우리 피부의 색과 마찬가지로 멜라닌 색소의 양에 따라 결정돼요.

우리나라 사람처럼 머리카락이 검은 사람들은 멜라닌 색소가 많은 거고, 백인들의 머리카락 색이 노랗거나 갈색인 이유는 멜라닌 색소가 적기 때문이지요. 그런데 왜 멜라닌 색소가 많은 우리나라 사람들은 나이가 들면 머리카락이 하얗게 될까요? 그것은 나이가 들수록 멜라닌을 만들어내는 능력이 줄어들기 때문이에요.

젊은 사람들도 멜라닌이 적게 만들어지면 머리카락이 하얗게 돼요.

젊은 사람들은 멜라닌을 만드는 능력이 나이 든 사람들보다 좋을 텐데 왜 하얗게 될까요?

그것은 스트레스를 받아 멜라닌을 만드는 능력에 영향을 주었기 때문이에요. 스트레스가 사라지면 원래대로 검은색으로 돌아와요.

지문

손을 펼쳐 손가락 끝을 보면 둥근 모양의 선들이 여러 개 모여 있어요. 이것은 지문이에요. 사람이라면 누구나 지문을 가지고 있어요.

지문은 평생 변하지 않는 것으로, 사람마다 모양이 다 달라요. 그래서 죄를 지은 범인들을 찾아낼 때 유용하게 사용하는 신체의 특징이지요.

지문은 우리가 무언가를 집을 때 놓치지 않도록 하고, 손가락 끝의 감

각을 민감하게 해요. 만일 지문이 없다면 물건을 잡을 때마다 번번이 놓쳐서 깨뜨리거나 마음껏 사용할 수 없을 거예요.

아주 심한 화상을 입지 않은 이상 지문은 상처를 입어도 원래 모양으로 돌아와요.

스스로 치유하는 피부

친구들과 놀다가 넘어져 무릎이 깨져도, 공작 놀이를 하다가 칼에 손가락이 베여도 어느새 상처가 잘 아뭅니다. 까맣게 딱지가 질 때가 되면 조금 간지럽기는 하지만 며칠만 지나면 그 딱지도 떨어져 뽀얀 새살이 올라온 것을 볼 수 있어요.

피부가 상처를 입는다는 것은 세포가 파괴됨을 뜻해요. 그러나 피부

에는 되살아나는 능력이 있기 때문에 새로운 세포를 만들어 상처를 낫게 해요.

상처가 나서 피가 흐르면 그것이 굳어 딱지가 생겨요. 상처를 입어 피가 난다는 것은 표피뿐만 아니라 진피까지 손상을 입었음을 뜻해요. 혈관은 표피가 아니라 진피를 지나기 때문이지요.

과연 딱지 밑에서는 무슨 일들이 벌이질까요? 피부 제일 아래에 있는 기저층에서 세포 분열을 시작해 새로운 세포를 만들어내요. 그 세포는 표피 쪽으로 올라오게 되고 낡은 세포는 딱지와 함께 떨어져 나가요.

만일 딱지를 무리하게 떼어내면 상처가 오염되거나 하여 더디게 회복되므로, 보기 싫다고 자꾸만 손이 간다고 딱지를 떼어내면 안 돼요.

아토피

아토피는 피부 염증의 하나로 '접촉 피부염'이라고도 해요. 피부를 자극하거나 알레르기 반응을 일으키는 물질의 영향을 받았을 때 천식, 습진, 두드러기 등이 일어나는 것을 말해요. 주로 가족이 아토피 체질을 가진 경우 잘 발병해요.

아토피의 원인은 주로 두 가지인데, 하나는 피부에 독성이 있거나 자극을 주는 화학 물질에 노출되면 생기지요. 갓난아기의 경우 기저귀를 오래 차게 되면 붉고 좁쌀같이 생긴 것이 마구 돋아나요. 또 침을 흘리거나 음식물을 흘려서 입 주위에도 붉게 염증이 생기지요.

다른 하나는 알레르기 때문에 생겨요. 알레르기란 어떤 물질에 대한 거부 반응을 뜻해요. 사람마다 알레르기에 대한 반응이 다르므로 아토피의 원인도 달라요.

어떤 사람은 가짜 보석을 하면 피부가 붉게 변하면서 간지러워 긁는가 하면, 어떤 사람은 자연에서 나는 몇몇 식물 또는 집 먼지나 진드기에 거부 반응을 일으켜 피부에 심한 염증이 일어나 피가 나고 진물이 나도록 긁기도 해요.

아토피에 걸리지 않으려면 항상 주변을 깨끗이 하고, 알레르기를 일으키는 물질을 가까이 하지 말아야 해요.

아토피가 의심되는 피부 질환이 생기면 곧바로 병원을 찾아가 더 심해지지 않도록 치료를 받아야 해요. 그렇지 않으면 몸이 간지럽고 따가워서 괴로울 뿐만 아니라, 상처투성이에 두껍고 검게 변한 피부 때문에 스트레스를 받아 일상생활에 어려움을 겪을 수도 있어요.

근육의 구조

뼈만으로는 몸을 움직일 수 없어요. 뼈 주위에 많은 근육이 붙어서 내 뜻대로 또는 자율 신경의 뜻대로 움직여야 하지요. 내장 기관들이 움직일 때도 그 주위에 붙어 있는 근육의 도움을 받아요.

근육은 마음먹은 대로 움직일 수 있는 수의근과 자율 신경에 의해 조절되는 불수의근으로 나뉘어요. 또 종류에 따라 크게 세 가지로 나뉘는데, 심근과 평활근, 골격근이 그것이지요.

심근은 심장을 움직이는 근육으로 자율적으로 움직여요. 우리가 움직이고 싶어 한다고 해서 되는 게 아니에요. 이 근육이 쉬지

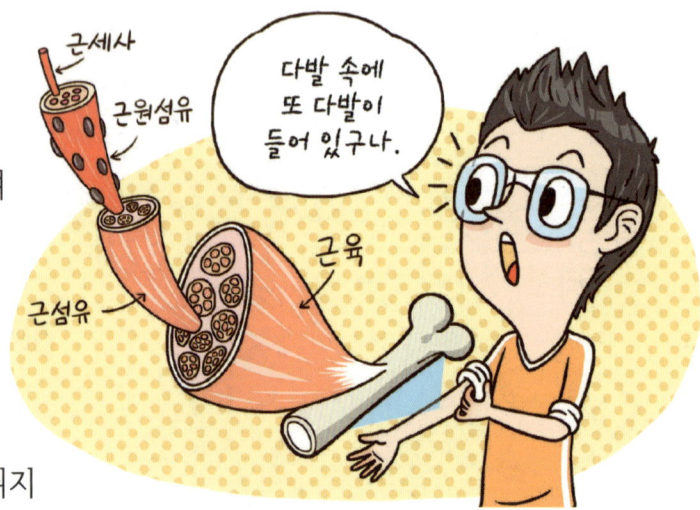

않고 움직이는 덕분에 우리의 심장은 계속해서 뛸 수 있는 거랍니다.

평활근은 내장을 만드는 근육으로 심근처럼 자율적으로 움직여요. 혈관과 장, 기관, 요관 같은 빨대나 호스 모양의 장기를 만들고, 위와 방광 등 주머니 모양의 장기, 자궁벽 등을 만들어요. 자율 신경과 호르몬에 의해 조절되지요.

골격근은 운동을 하게 하는 근육으로 우리의 의지에 따라 움직일 수 있어요. 팔, 다리, 몸 등의 골격에 붙어 있어 골격을 움직이게 해요.

근육은 가늘고 긴 근섬유로 되어 있어요. 근섬유는 오그라드는 성질을 가진 세포인데 다발로 되어 있어요. 근육 속에는 힘줄이 있어요. 근육의 양쪽 끝에 있으며 '콜라겐'이라는 조직에 의해 뼈에 붙어 있지요. 근육이 수축하면 한쪽 뼈를 끌어당겨 운동을 하도록 도와요. 흔히 알통을 만들어 앞쪽을 만져 보면 가늘고 단단한 게 느껴지는데, 그것이 힘줄이에요.

근육의 수축

골격근은 근육 세포 하나로 된 게 아니라 많은 근육 세포가 묶여 하나의

다발로 이루어져 있어요. 또 세포들의 굵기가 모두 같은 게 아니라 굵은 것과 가는 것이 번갈아 되어 있어 힘을 주면 서로 끌어당겨 전체적으로 짧아 보여요.

종아리나 팔뚝에 힘을 주면 길게 늘어졌던 근육들이 모여 굵어지면서 짧은 알통이 생기는 것이지요. 이처럼 근육을 잡아당겨 모든 동작을 할 수 있는 거예요. 근육 운동을 많이 하는 보디빌더의 경우 근세포 하나하나가 굵어져 울퉁불퉁한 근육이 많이 생긴답니다.

얼굴 표정을 만드는 근육

우리는 친구가 울고 웃고 찡그리고 하는 것만 봐도 친구의 기분이 어떤지를 대번에 알 수 있어요. 사람의 다양한 감정은 얼굴의 표정에 대

얼굴의 근육 덕분에 웃을 수 있어.

부분 나타나기 때문이에요.

표정은 얼굴에 있는 근육의 움직임으로 만들어져요. 표정을 만드는 얼굴의 근육을 '표정근'이라고 하는데, 눈꺼풀, 코, 입 등을 종합적으로 움직여 감정을 표현해요.

입의 끝부분을 올려 기쁜 마음을 나타내거나, 입의 끝부분을 처지게 해서 슬픈 표정을 만들거나 무뚝뚝한 인상을 심어 줄 수도 있어요.

하지만 가끔 얼굴이 비뚤어지거나 입이 굳거나 경련이 일어나는 등 내 뜻대로 되지 않는 경우가 있어요. 이를 '불수의 운동'이라고 하는데, 대뇌에 문제가 생겼을 때 나타나는 증상들이에요.

크게 한 번 웃어 보세요. 크게 웃는 것은 얼굴 근육을 전부 사용하기 때문에 정신 건강뿐만 아니라 피부 건강에도 좋대요.

인체의 틀

집 안의 가구를 비롯해 전자 제품, 도시의 건축물같이 높이 세워져 있고 안에 무언가 채워져 있는 것들에는 공통점이 있어요. 튼튼하게 세우기 위해 기본적으로 갖춰야 하는 틀이 있다는 것이지요.

우리의 인체도 많은 기관이 있고, 그것을 안전하게 몸속에 담아 두기 위해 틀을 갖추고 있어요. 그것을 '골격'이라고 해요. 골격은 사람이나 동물의 몸의 형태를 이루고, 몸을 지탱하는 뼈의 조직을 말해요. 여기에

두개골
하나의 뼈로 되어 있다고 생각하기 쉽지만, 실제로는 15종류 모두 23개의 뼈가 단단히 결합되어 있다.

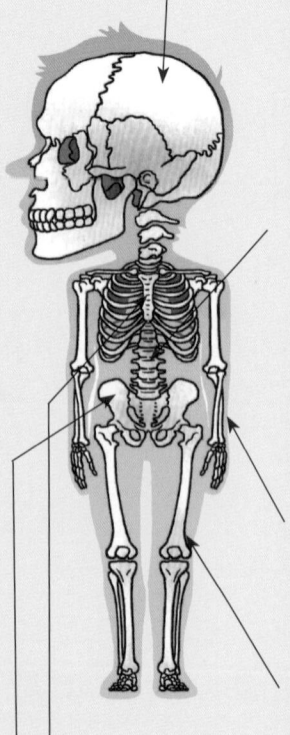

척추골
모두 33~34개로 그 가운데 24개의 척추는 뼈 사이에 '추간판'이라는 완충 장치가 있다. 움직이거나 걸을 때 충격을 흡수한다. 그 밑에 선골과 미골이 있다. 미골은 진화 과정에서 잃어진 꼬리의 흔적이다. 사람에 따라 3~5개로 개수가 다르다. 척추와 선골 사이에는 심하게 굽어 있는 '갑각'이라는 뼈가 있다. 이 뼈는 네발 짐승에게는 없다. 두 발로 서서 걸을 때 균형을 잡도록 하기 위해 생긴 것이다. 또한 뇌와 연결된 기관이 모여 있는 곳이므로 척추를 다치면 몸의 각 기관의 작용이 둔해지거나 마비되기도 한다.

팔뼈
팔과 손을 이루는 뼈로, 총 64개(팔과 손은 2개이므로 32쌍)이다.

다리뼈
발과 다리를 이루는 뼈로, 총 62개(31쌍)이다.

흉곽
하나의 흉골과 12쌍(24개)의 늑골이 연골로 이어져 있다. 흉곽 안에는 심장, 폐, 간장 등 중요한 장기가 들어 있다.

골반
선골, 미골, 제5요추, 좌우로 붙어 있는 장골, 치골, 좌골로 된 받침 모양의 뼈이다. 장골, 치골, 좌골은 아기 적에는 따로 떨어져 있으나, 어른이 되면 하나의 큰 뼈로 된다. 여성의 경우 골반을 통해 아기를 출산한다. 골반의 각도는 남녀가 서로 다르다. 남자는 좁고, 여자는 출산을 하므로 넓다.

근육이 붙어 운동 기관이 돼요. 골격은 뇌와 폐, 심장 같은 기관을 외부의 충격이나 위협으로부터 보호해요.

 태어난 지 얼마 안 된 아기들의 뼈는 대부분 무른 연골로 되어 있어요. 그래서 목을 가누지 못하는 아기들을 안을 때는 머리가 다치지 않게 조심해야 해요. 뼈가 단단하지 않아 자칫 잘못하면 큰 사고가 날 수 있어요. 아기들의 뼈의 개수는 305개지만 자라면서 서로 붙어 총 206개가 돼요.

뼈의 구조

 206개의 뼈는 모양이 모두 다 달라요. 뼈는 형태에 따라 팔이나 다리

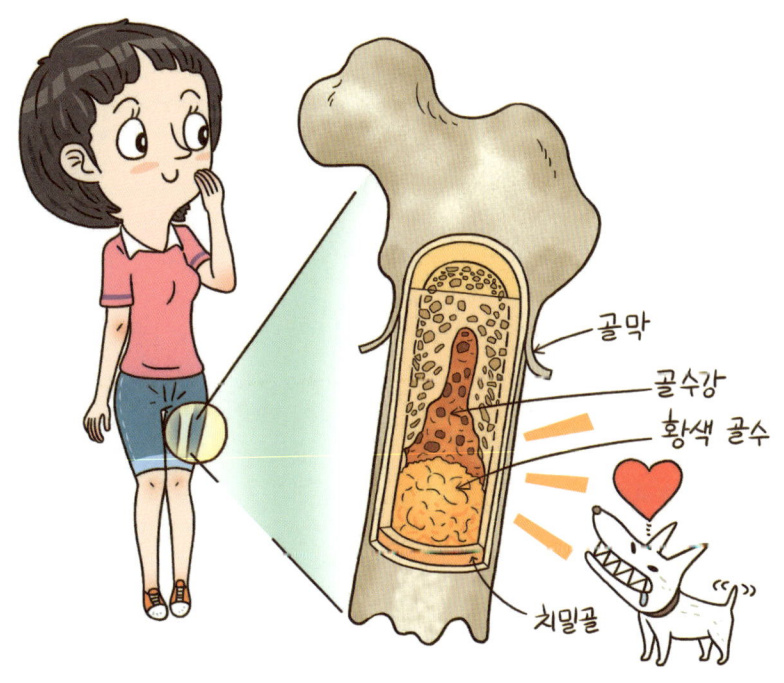

골막
골수강
황색 골수
치밀골

> **해면골**
> 치밀골 안쪽에 있다. 스폰지 같은 구조를 하고 있으며, 작은 틈이 무수히 많다.
>
> **치밀골**
> 외골막 안쪽에 있는 부분으로, 틈이 없고 단단한 뼈로 뭉쳐져 있다. 이 속에 골세포가 규칙적으로 배열되어 있고, 혈관과 신경이 지난다.
>
> **골수강**
> 큰 뼈의 중심부는 비어 있고, 혈액을 만드는 골수가 차 있다.
>
> **골막**
> 뼈를 덮고 있는 막으로, 바깥쪽을 덮은 외골막과 안쪽을 덮는 내골막이 있다. 골막에는 혈관과 신경이 지나기 때문에 혈액으로부터 영양분을 받아 자라며, 신경이 통하고 있어 통증 같은 감각을 느낄 수 있다. 또한 뼈가 부러졌을 때는 원래대로 회복하기 위해 조절한다.

의 긴 뼈인 장골, 손등이나 손가락, 발가락 등의 짧은뼈인 단골, 두개골과 같은 편평골, 속이 빈 대신 공기가 들어 있는 함기골, 편평골이면서 속이 비어 있는 혼합골의 다섯 가지로 나뉘어요.

인체에서 가장 작은 뼈는 귓속에 있는 망치뼈, 모루뼈, 등자뼈로 된 이소골이에요. 이 뼈들의 길이를 모두 합해 봐야 19.3밀리미터로 2센티미터가 채 안 돼요. 가장 큰 뼈는 넙다리뼈로, 길이가 남자는 41센티미터, 여자는 38센티미터예요.

뼈의 주성분은 칼슘과 인으로, 몸의 기능을 유지하는 데 중요한 영양

소예요. 뼈 속에 있는 칼슘은 사람 몸에 있는 모든 칼슘의 99퍼센트를 차지해요. 한편, 사람의 몸속에 인이 너무 많으면 칼슘의 흡수를 방해해 뼈가 약해져요. 특히 패스트푸드에는 인이 많으므로 너무 많이 먹으면 골다공증에 걸릴 수 있어요.

관절의 구조

뼈와 뼈가 연결되는 곳을 '관절'이라고 해요. 관절을 이루는 뼈의 끝부분은 관절 연골로 덮여 있어요. 그리고 관절 연골에는 혈관이 없어서 대신 관절액으로부터 영양을 공급받아요.

수시로 팔다리를 움직여도 뼈가 닳지 않는 이유는 연골과 관절액이 뼈끝을 감싸고 있기 때문이에요.

인대 : 관절이 반대 방향으로 굽거나 빠지지 않도록 바깥쪽을 단단히 고정하는 띠.

활막 : 관절면의 움직임을 부드럽게 하는 '활액'이라는 끈끈한 액체를 분비한다.

관절두 : 뼈끝 한쪽이 불룩한 형태로 되어 있는 부위.

관절와 : 관절을 이루는 뼈의 오목한 부분.

관절포 : 관절두와 관절와가 마주 보는 주위를 싸고 있는 조직.

관절 연골 : 관절두와 관절와가 마주 보는 면을 덮고 있다.

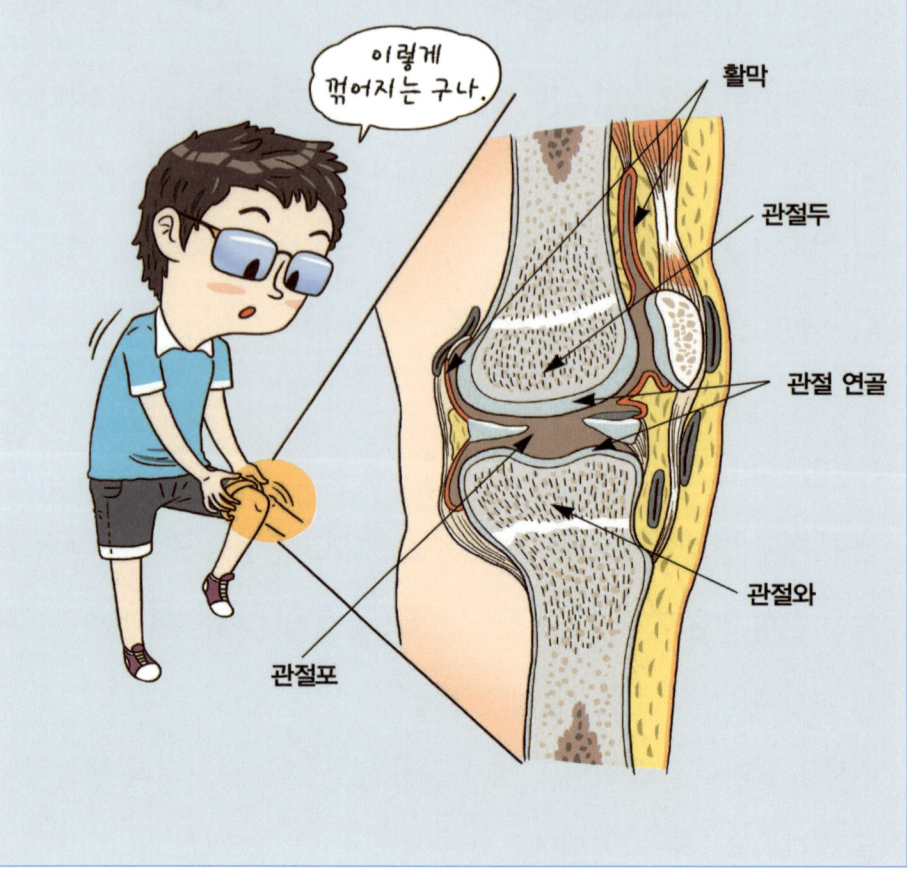

손의 구조

인간은 네 발로 걷는 동물과 달리 손이 있어요. 두 발로도 충분히 걸을 수 있기 때문에 자유로워진 손으로는 물건을 잡고, 도구를 사용하며, 복잡한 동작을 할 수 있지요.

손의 뼈는 물건을 쥐거나 자판을 치고 악기를 연주하는 등의 복잡한 움직임을 할 수 있도록 작은 뼈 27개로 구성되어 있어요. 그리고 이 작은 뼈들이 뿔뿔이 흩어지지 않게 인대가 관절을 연결하고 있어요.

손가락 인대는 동아줄 모양과 부채 모양의 두 가지가 있는데, 이것이 손가락의 복잡한 움직임을 도와요. 각각의 손가락 근육의 끝부분에는 힘줄이 있는데, 이것들은 손목 부위에서 힘줄집으로 묶여 있어요. 힘줄

집이란 힘줄을 넣어 두는 칼집 같은 것으로, 그 안에는 활액이 들어 있어요.

흔히 새끼손가락만 굽히려고 하면 옆에 있는 약지(넷째 손가락)까지 같이 굽어지는데, 이것은 새끼손가락에 명령을 전하는 신경과, 약지에 명령을 전하는 신경이 척수(신경 다발)에서 붙어 있기 때문이에요. 그래서 따로 잘 움직이지 못하고 두 손가락이 함께 움직여요.

체중을 싣고 걷는 발

사람의 발은 2개뿐이라서 온몸의 체중이 두 발에 실려 있어요. 이를 위해 발가락이 짧게 되어 있지요. 발은 26개의 작은 뼈로 되어 있어요.

발에도 관절을 연결하기 위해 인대가 붙어 있는데, 매일같이 걷기 때문에 근육과 인대가 단련되어 매우 튼튼해요. 손과 마찬가지로 발가락의 근육과 연결된 각각의 힘줄이 발목 부위에서 힘줄집에 의해 묶여 있지요.

커 봤자 30센티미터도 안 되는 두 발이 최고 100킬로그램이 넘는 무게를 지탱할 수 있는 이유는 발의 구조 때문이에요.

운동할 때 충격을 완화하기 위해 용수철 역할을 하는 부위와 체중을 받치는 부위, 발바닥의 충격을 흡수하는 부위가 있어요. 이렇게 발은 온몸을 지탱하므로 발을 건강하게 가꿔야 해요.

발은 평생 1000만 번 이상 땅에 닿으며, 60세까지 지구 3바퀴 반 거리를 걷는다.

무술의 달인인 '고수'들이 발로 찰 때의 충격은 주먹으로 때릴 때보다 3배 더 세다.

사람은 어떻게 걸을까?

사람이 똑바로 서서 걷는 것은 안정감 있게 생긴 골반과 여기에 연결된 척추뼈 덕분이에요. 척추뼈에는 목에서 아래 기관과 연결되어 있는 척수가 지나고, 뇌와 연결되어 있어요.

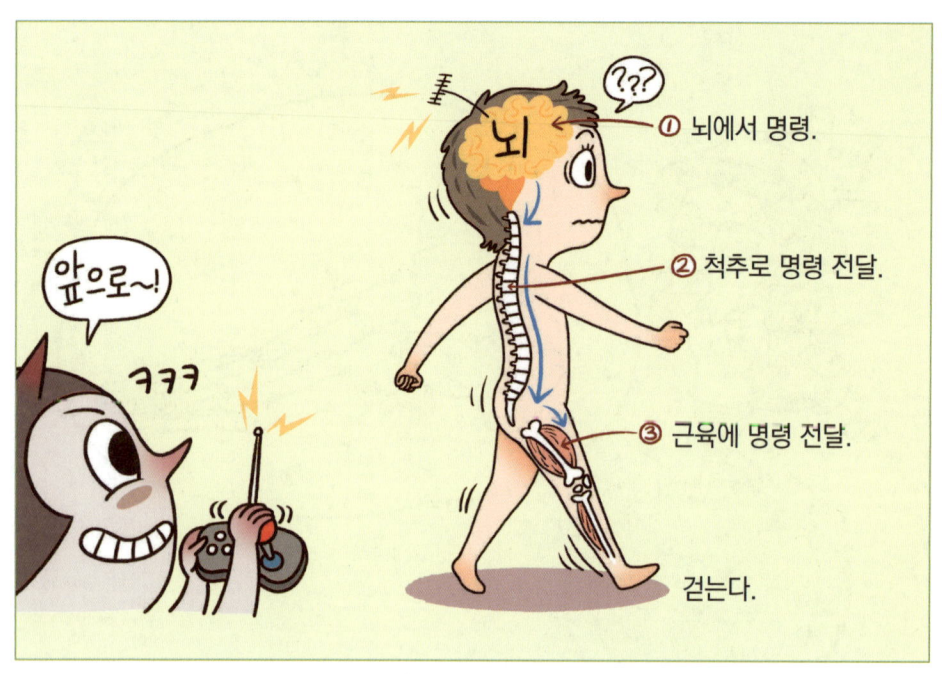

'걷자!' 하고 마음먹으면 뇌에서 걸으라고 명령을 내리고, 척수의 신경을 거쳐 다리의 각 근육에 전달되어 걷게 돼요.

걷는 데 필요한 근육들

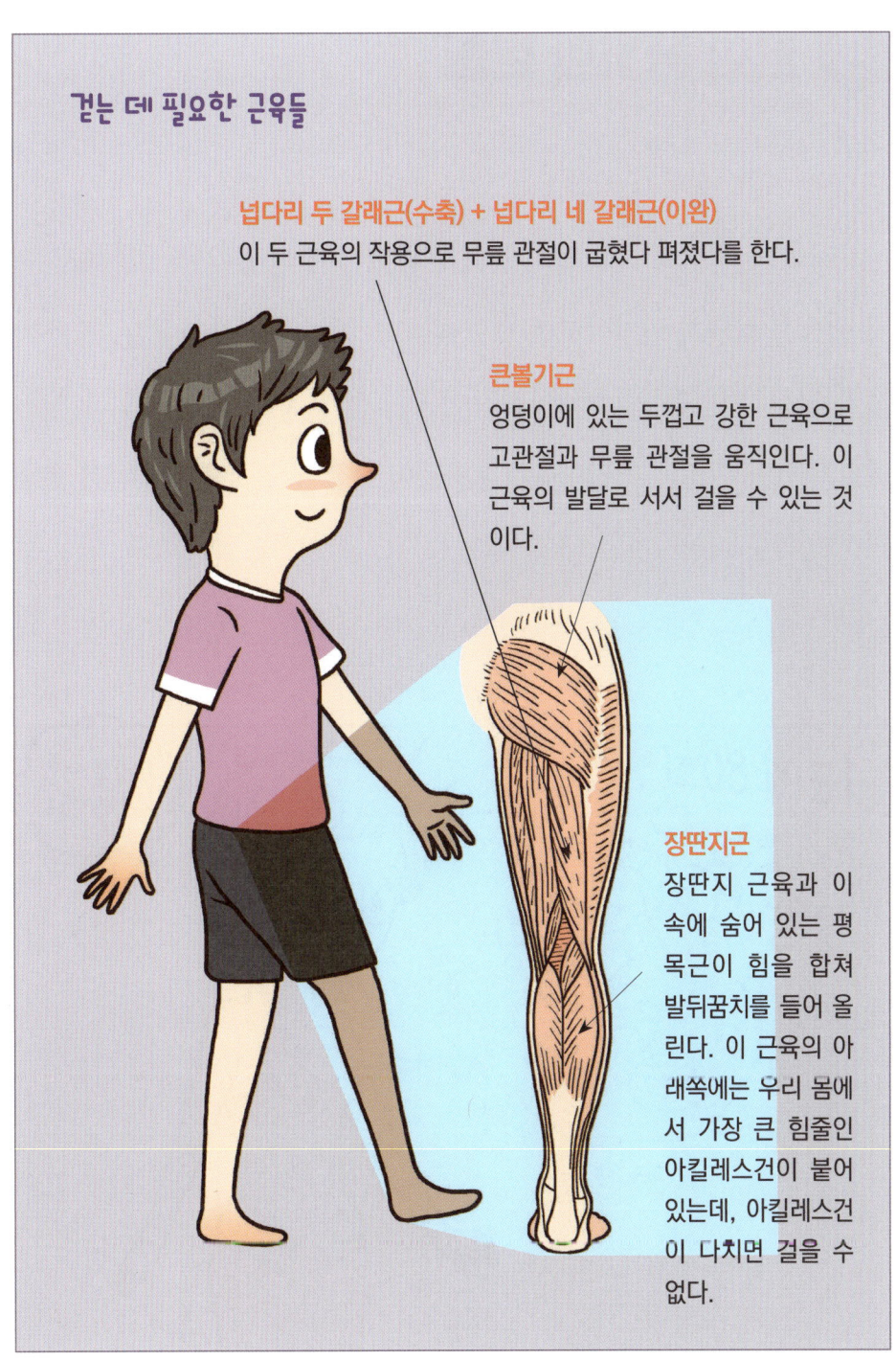

넙다리 두 갈래근(수축) + 넙다리 네 갈래근(이완)
이 두 근육의 작용으로 무릎 관절이 굽혔다 펴졌다를 한다.

큰볼기근
엉덩이에 있는 두껍고 강한 근육으로 고관절과 무릎 관절을 움직인다. 이 근육의 발달로 서서 걸을 수 있는 것이다.

장딴지근
장딴지 근육과 이 속에 숨어 있는 평목근이 힘을 합쳐 발뒤꿈치를 들어 올린다. 이 근육의 아래쪽에는 우리 몸에서 가장 큰 힘줄인 아킬레스건이 붙어 있는데, 아킬레스건이 다치면 걸을 수 없다.

5 피와 공기의 흐름

인체의 중심, 심장

사람의 몸 가운데 어디 하나 중요하지 않은 곳이 없지만, 그중에서 가장 중요한 부위가 어디냐고 물으면 대부분 단연코 심장을 꼽는 데 주저하지 않을 거예요. 왜냐하면 심장이 멈추면 온몸을 흐르는 피가 더는 흐르지 않게 되고, 그러면 모든 장기들이 신선한 혈액을 공급받지 못해 심장이 멈춘 지 몇 분 안 돼 다 같이 '정지' 상태가 될 테니까요.

아무리 다른 기관들이 건강해도 심장이 멈추면 아무 소용없어요. 한

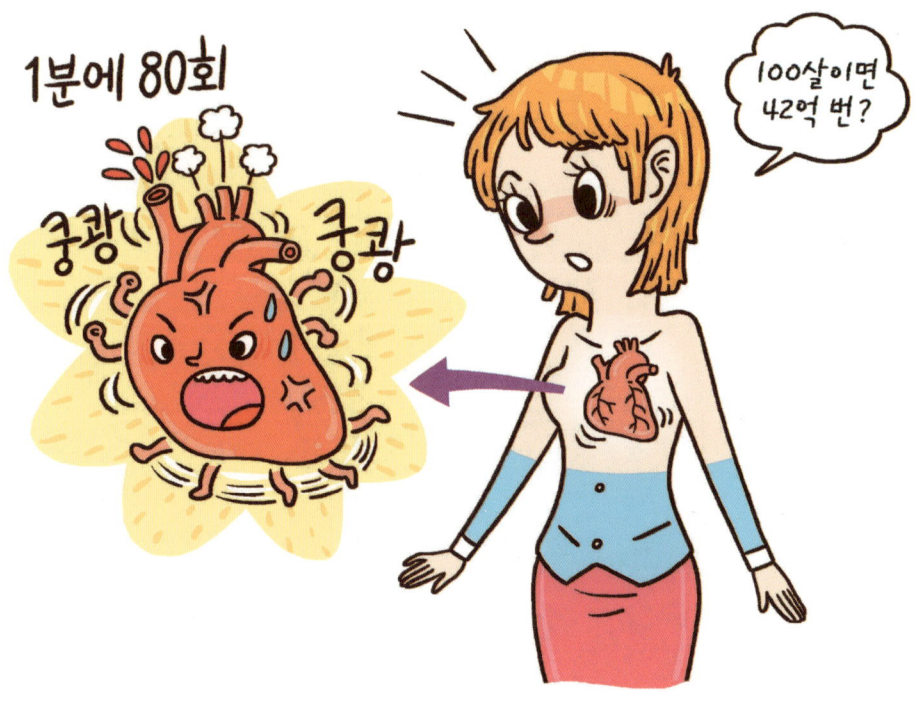

마디로 죽는 거예요.

　심장은 우리 몸의 펌프와 같아요. 온몸을 흐르는 피를 받아서 몸 전체의 동맥으로 내보내요. 혈액이 계속해서 우리 몸을 흐르게 하는 것이지요. 자전거 바퀴에 공기를 넣기 위해 펌프를 누르는 것처럼, 심장은 혈액을 온몸으로 내보내기 위해 주기적으로 오므라졌다 부풀었다 하면서 운동을 해요. 이것을 '박동'이라고 해요.

　전력으로 달리기를 하고 나면 청진기 없이도 쿵쾅쿵쾅 두근두근 심장 뛰는 소리를 들을 수 있어요. 그것이 박동이에요.

　심장은 근육으로 되어 있고, 갈비뼈에 둘러싸인 가슴 앞쪽 왼편에 있어요. 크기는 주먹보다 조금 더 커요. 1분간 박동 횟수, 즉 심장 뛰는 횟수는 어른이 60~80회, 어린이는 80~100회예요. 만일 1분 박동 횟수가 80회라고 하면 하루에 11만 5200회, 1년이면 약 4200만 회, 100살까지 산다고 하면 42억 번을 뛰는 거예요.

심장의 구조

　심장은 우심방과 우심실, 좌심방과 좌심실 4개의 방으로 나뉘어 있어요. 좌우 심방은 온몸을 돌아 더러워진 혈액을 받아들이고, 심실은 심방을 거친 피를 맑게 하여 다시 온몸으로 내보내요.

　좌우 심방은 상반신을 돌고 온 피가 들어오는 상대정맥과 하반신을

심장 구조

폐동맥판
폐동맥이 우심실과 연결된 입구에 있는 판막. 폐동맥으로 나간 피가 다시 심장으로 들어오는 것을 막는다.

우심방
심장의 오른쪽 윗부분. 상·하대정맥에서 오는 피를 받아 우심실로 보내는 일을 한다.

대동맥판
대동맥이 시작되는 곳에 있는 판. 피가 심장으로 거꾸로 흐르는 것을 막는다.

상대정맥
상반신에서 온 더러워진 피.

폐동맥
맑은 피를 폐로 보낸다.

대동맥
맑은 피를 전신과 내장으로 보낸다.

하대정맥
하반신에서 온 더러워진 피.

좌심방
심장의 왼쪽 윗부분. 폐정맥에서 오는 피를 좌심실로 보낸다.

삼첨판
우심방과 우심실 사이에 있는 판막. 상·하대정맥을 통해 들어온 우심방의 정맥혈을 우심실로 흘러들어 가게 하며 거꾸로 흐르는 것을 막는다.

승모판
심장의 좌심방과 좌심실 사이에 있는 판막. 피가 거꾸로 흐르는 것을 막는다.

우심실
심장의 오른쪽 아랫부분. 우심방에서 오는 피를 깨끗이 하여 폐동맥으로 보낸다.

좌심실
심장 안의 왼쪽 아랫부분. 좌심방에서 오는 피를 깨끗하게 하여 대동맥으로 보낸다.

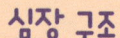

돌고 온 피가 들어오는 하대정맥 그리고 폐를 돌고 온 폐정맥과 연결되어 있어요. 반면 좌우 심실은 폐동맥과 대동맥에 연결되어 있는데, 폐동맥은 폐로 직접 혈액을 보내 호흡을 통해 이산화탄소를 내보내고 산소를 채우게 해요.

이렇게 산소가 풍부해진 혈액은 대동맥을 거쳐 몸 전체로 보내져요. 또 대동맥으로 나간 피는 폐를 제외한 위장, 간장, 췌장, 신장, 소장, 대장 등으로 보내져요.

심장은 어떻게 해서 뛰는 걸까?

심장의 무게는 몸무게의 200분의 1밖에 안 되지만, 심장 표면을 흐르는 혈액의 양은 몸 전체의 20분의 1이나 돼요. 심장은 이 혈액을 통해

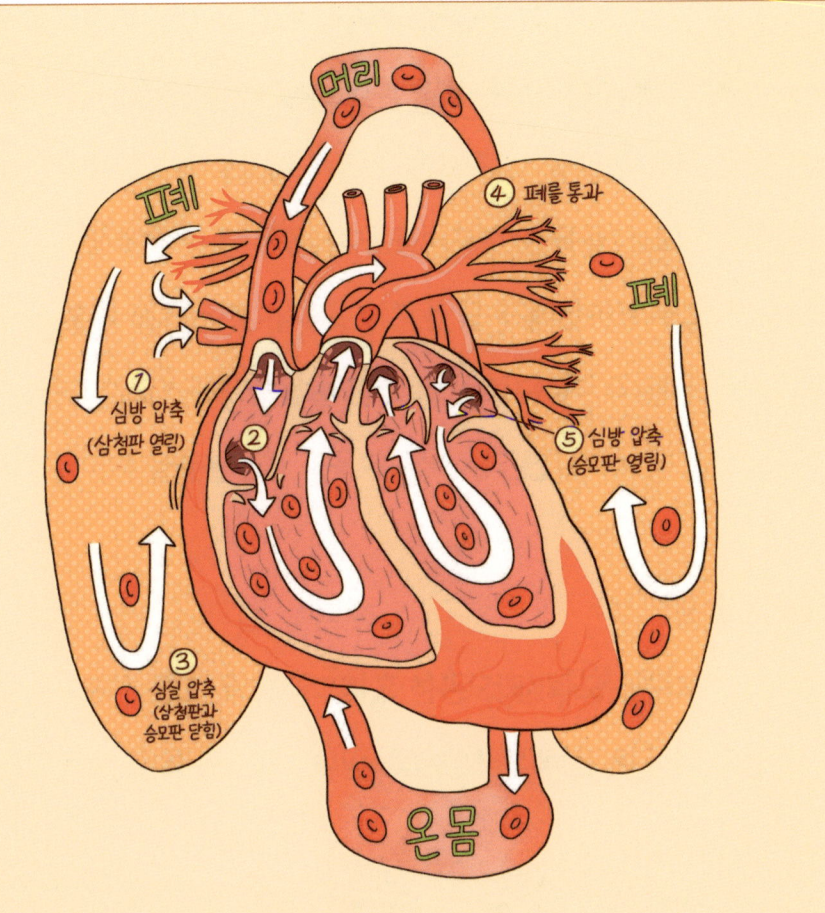

❶ 몸 전체와 폐에서 들어온 혈액은 심방이 오그라들면서 판막이 열려 심실로 밀려 들어간다.
❷ 심방이 볼록해지는 이완을 시작하면 심실은 오그라든다. 삼첨판과 승모판은 피가 들어왔던 곳으로 다시 흘러 나가지 않도록 닫힌다.
❸ 심실이 최고로 오그라들면 대동맥판과 폐동맥판이 열리면서 혈액이 내보내진다.
❹ 심실이 볼록해지기 시작하면 열려 있던 판막이 닫혀서 온몸과 폐로 보내지던 혈액이 다시 심실로 들어오지 못하게 닫힌다. 이때 심방에서는 온몸과 폐를 돌고 온 혈액이 들어오고 있다.
❺ 심방에 혈액이 가득 차면 심방이 오그라들면서 삼첨판, 승모판을 밀어 열고 혈액을 심실로 내보낸다.

에너지를 얻고 박동을 해요. 심장이 박동을 한다는 것은 계속해서 산소와 영양을 얻고 온몸으로 혈액을 보낸다는 뜻이에요.

만일 심장이 충분한 에너지와 산소를 얻지 못하면 가슴에 통증을 느끼는 '협심증'에 걸리거나 혈관이 막혀서 심장의 일부가 죽는 '심근 경색'에 걸리게 돼요. 이들 질병은 갑작스럽게 죽음에 이르는 '돌연사'의 원인이기도 해요.

심장이 박동을 하는 건 알겠는데, 4개의 방이 어떻게 움직여 피를 받아들이고 내보내는 걸까요? 4개의 방이 동시에? 심방은 심방끼리, 심실은 심실끼리? 아니면 좌심방은 좌심실과, 우심방은 우심실과 하는 걸까요?

심장은 우선 심방이 오그라들어요(수축). 심방이 최고로 오그라들 무렵, 심실이 오그라들 준비를 해요. 고작 0.1초지만 이렇게 시간의 차이를 두고 박동을 해야 문제없이 혈액이 온몸과 폐에 보내져요.

시간의 차이를 많이 둔다면 몸속 기관들이 너무 느리게 움직여서 숨을 쉬고, 소화를 시키고, 생각을 하는 데 원활하지 않을 거예요.

심장이 혈액을 내보낼 때 1분에 약 5리터의 혈액을 밀어내요. 여러분이 좋아하는 1리터짜리 우유가 5개나 되는 양을 밀어낸다고 생각해 봐요. 정말 많은 양이죠?

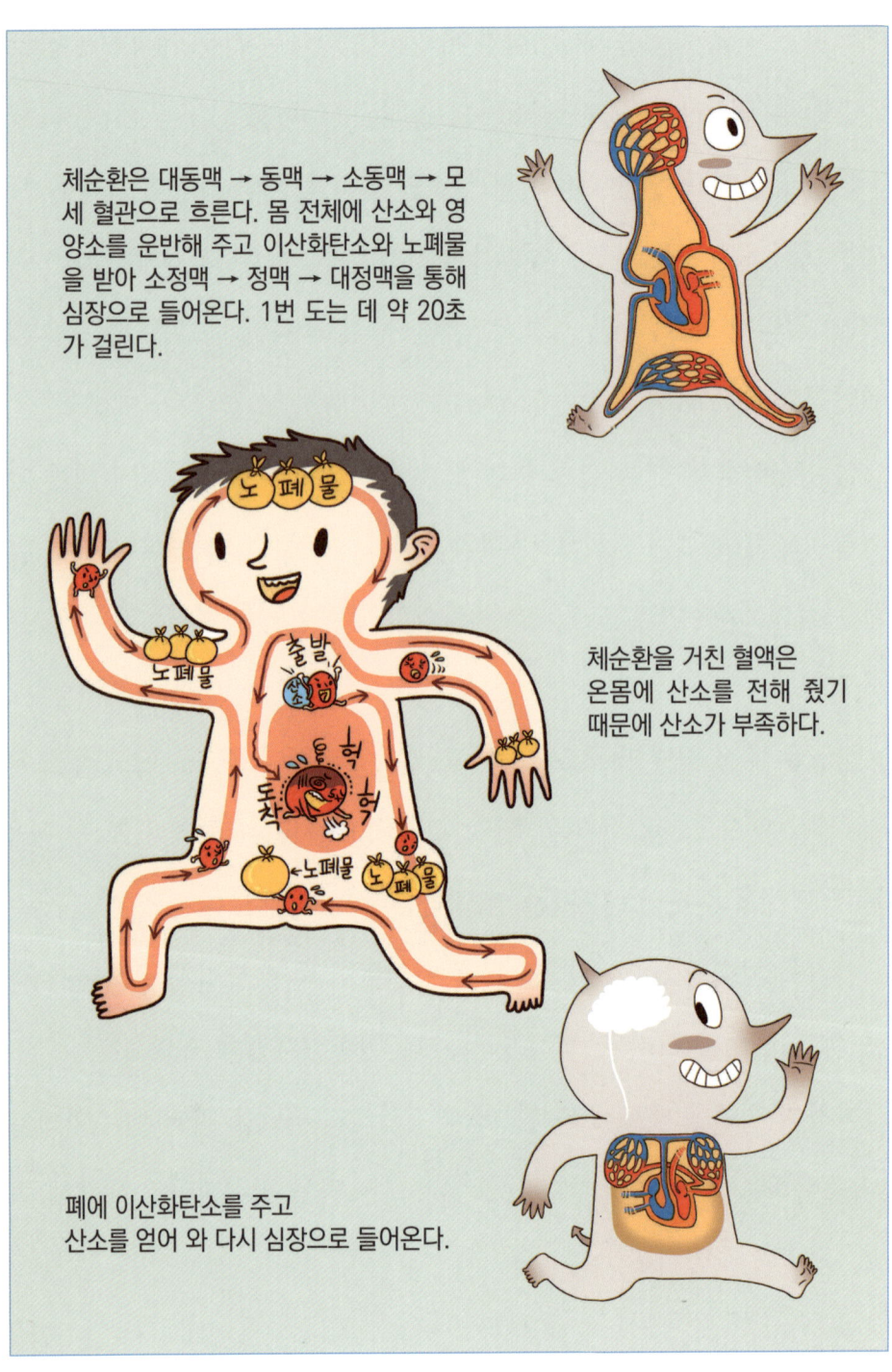

체순환은 대동맥 → 동맥 → 소동맥 → 모세 혈관으로 흐른다. 몸 전체에 산소와 영양소를 운반해 주고 이산화탄소와 노폐물을 받아 소정맥 → 정맥 → 대정맥을 통해 심장으로 들어온다. 1번 도는 데 약 20초가 걸린다.

체순환을 거친 혈액은 온몸에 산소를 전해 줬기 때문에 산소가 부족하다.

폐에 이산화탄소를 주고 산소를 얻어 와 다시 심장으로 들어온다.

혈액이 온몸을 도는 구조

심장에서 내보내진 혈액은 2개의 동맥을 통해 온몸으로 보내졌다가 다시 심장으로 돌아와요. 하나는 심장의 좌심실에서 나와 몸속 여러 기관으로 산소와 영양분을 전해 주고 돌아오는 것으로, 이를 '체순환' 또는 '대순환'이라고 해요.

다른 하나는 우심실에서 폐로 전해져 산소를 받아서 좌심방으로 돌아오는 것으로, '폐순환' 또는 '소순환'이라고 해요.

이산화탄소를 받은 폐는 어떻게 하냐고요? 폐는 기관과 코를 통해 호흡을 하여 공기 속의 산소를 받아들이고 이산화탄소를 내보내기 때문에 걱정 없어요. 폐순환은 체순환보다 이동 거리가 짧아 1번 도는 데 3~4초밖에 걸리지 않아요. 폐순환을 거친 산소는 좌심방으로 들어와 좌심실을 통해 몸 전체로 흐르는 체순환을 거쳐요.

혈액이 지나가는 길, 혈관

우리 몸속을 9만 킬로미터나 휘감고 있는 혈관은 크게 세 가지로 나뉘어요. 심장에서 깨끗해진 혈액을 내보내는 동맥과 몸속을 돈 피가 심장으로 들어오는 정맥 그리고 혈액과 몸속 조직 사이에 물질을 교환하는 모세 혈관이 그것이지요.

동맥은 심장에서 펌프질을 하여 발끝까지 전달돼야 하기 때문에 높

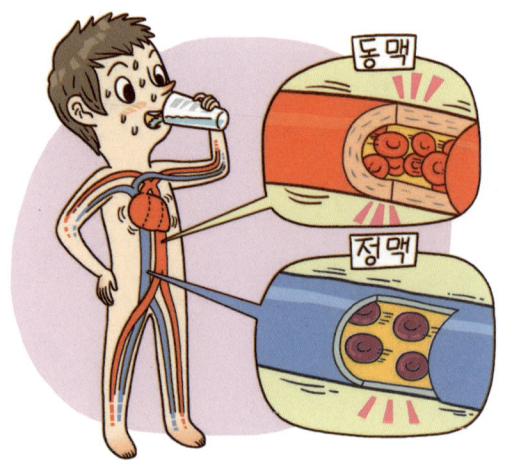

은 압력을 받아 혈관벽이 두꺼워요. 하지만 심장만으로는 몸 구석구석 혈액을 보내기 어려워서 탄력(늘어났다 원래대로 돌아오는 힘)이 있는 동맥도 힘차게 혈액을 내보내요.

반면 정맥은 얇은 혈관에서 점점 굵은 혈관으로 모이는데다 근육의 도움을 받아 심장으로 혈액을 보내기 때문에 혈관벽이 얇고 탄력도 별로 없어요. 대신 심장을 향해 올라오던 혈액이 거꾸로 흐르지 않도록 판막이 있어요.

정맥의 판막은 몸에서 가장 멀리 있는 팔과 다리에만 있고, 머리 쪽이나 몸통에는 없어요. 흔히 서서 일하는 사람들이 많이 걸리는 하지 정맥류는 다리 쪽 정맥에 있는 판막에 이상이 생겨 피가 심장으로 올라가지 못하고 아래쪽에 머물면서 혈관이 굵어지는 병이에요.

동맥과 정맥은 혈액이 지나기만 하는 통로라면, 모세 혈관은 혈액의 산소와 영양소를 몸속 기관에 전해 주고, 기관에 쌓여 있던 노폐물과 이산화탄소를 모아 가요. 모세 혈관은 1밀리미터의 100분의 1만큼 아주 가는 혈관으로, 몸 전체에 뻗어 있어요. 단단한 뼛속에도 모세 혈관이 있답니다.

모세 혈관이 없는 곳은 무릎이나 손목에 있는 연골 조직과 눈의 결막,

수정체 정도예요.

우리 몸의 파수꾼

몸에 상처가 나면 혈액은 정신없이 바빠져요. 세균이 상처의 틈으로 들어오지 못하게 막을 뿐만 아니라 더 피가 새어 나가는 것도 막아야 해요. 또 온몸에 산소와 영양소를 전해 줘야 하는 임무도 잘 수행해야

하지요. 이렇게 바쁜 혈액은 작은 알갱이로 된 혈구(백혈구, 적혈구, 혈소판)와 액체로 된 혈장으로 이루어져 있어요.

혈액은 몸무게의 13분의 1로, 몸무게가 30킬로그램인 경우 약 2.3킬로그램 정도 돼요.

혈액은 어디에서 만들어질까?

혈액 중에서 적혈구의 수명은 100~120일 정도로, 오래되면 간과 비장에서 파괴돼요. 백혈구는 대략 2주 정도면 파괴돼요. 콧물이나 상처의 고름은 백혈구가 죽은 거예요. 그리고 혈소판은 며칠, 림프구는 몇 시간 정도밖에 살지 못해요.

이렇게 시간이 지나면 혈액을 구성하는 성분들이 사라져요. 앗, 혈액은 다시는 생기지 않는 걸까요? 만일 그렇다면 사람들은 오래 살지 못하고 태어난 지 얼마 안 돼 다시 하늘나라로 가야 할 거예요. 혈액 없는 사람은 없기 때문이죠.

혈액은 뼈의 골수에서 다시 만들어져요. 뼛속의 골수강에는 골수가 가득 차 있는데, 여기에서 혈구가 만들어져요.

갓 태어났을 때에는 온몸의 뼈에서 만들어지지만 어른이 되면 척추뼈와 복장뼈, 갈비뼈에서 만들어져요. 뼈에서 만들어진 혈액은 뼛속의 모세 혈관을 거쳐 뼈 밖의 혈관으로 보내져요. 림프구는 주로 림프샘이나 비장에서 만들어져요.

적혈구는 왜 붉을까?

적혈구는 혈액이 해야 하는 중요한 일 가운데 하나인 산소와 이산화탄소를 운반해요. 적혈구 속에는 '헤모글로빈'이라는 혈색소가 있는데, 헤모글로빈은 산소가 많은 곳에서는 산소와 결합하고, 산소가 적은 곳에서는 산소를 내뿜는 특징이 있어요. 그리하여 적혈구는 코를 통해 들이마신 산소가 흘러들어 가는 폐에서 산소와 결합해 모세 혈관에서 산소를 내뿜어요.

반대로 모세 혈관에서는 이산화탄소와 결합해 폐까지 운반하지요.

이 헤모글로빈은 원래 붉은색이에요. 산소와 만나면 밝은 빨강이 되고, 산소를 내보내

면 어두운 빨강이 되지요.

　피부에 파랗게 보이는 것이 바로 적혈구인데, 산소가 부족해 어두운 빨강이 된 혈관이 피부를 통해 파랗게 보이는 거예요. 반면 산소가 풍부한 동맥은 밝은 빨강을 띠는데, 몸속 깊숙이 흐르기 때문에 잘 보이지 않지요.

우리 몸을 지키는 백혈구

　우리의 몸은 호시탐탐 노리는 유해 세균으로부터 스스로를 지키는 나름의 시스템을 갖추고 있어요. 백혈구도 그 가운데 하나예요.

　나쁜 미생물이 몸속으로 들어와 독소를 마구 내뿜으며 돌아다니면 백혈구의 림프구가 우리 몸을 구할 영웅이 되어 혈액과 혈관, 조직 사이를 채우고 있는 체액에 세균에 대항할 수 있는 항체를 내보내 나쁜 미생물을 가둬요. 그러면 세균과 이물질을 잡아먹는 세포를 가진 백혈구가 꿀꺽하고 삼켜 버리지요. 이 백혈구를 '호중성 백혈구'라고 해요. 하지만 이때 백혈구도 죽어 고름이나 콧물이 돼요.

스스로 피를 멎게 하는 혈소판

아얏, 칼이나 새 종이에 손이 베인 경험들이 있을 거예요. 그런데 신기하게도 금세 피가 멎지요. 이는 혈소판의 지혈 작용 덕분이에요.

혈관이 손상되어 혈액이 새어 나오게 되면 혈관벽이 오그라들면서 혈소판이 모여 혈관 안쪽에 작은 핏덩이를 만들어요. 이를 '혈전'이라고 해요.

혈전이 구멍 난 혈관을 막으면 혈장 속에 있는 혈액 응고 인자가 작용해 혈전이 메운 부분을 단단하게 해요. 넘어져 무릎에 상처가 났을 때 그 부위에 생긴 딱지도 같은 작용으로 생긴 거예요. 혈소판과 혈액 응고 인자가 부족하면 상처가 났을 때 피가 멎지 않아요.

몸을 부딪쳤을 때 겉으로 상처가 나지 않고 보라색 멍이 생기는 경우

가 있어요. 피부 속으로 나온 혈액이 상처 난 혈관을 막으려고 굳어져서 생기는 거예요. 시간이 지나면 혈전을 녹이는 효소가 나와 자연스레 멍이 사라져요.

혈액형

사람들은 생김새도 성격도 혈액형도 달라요. 혈액형은 다른 사람의 혈액과 섞이면 이물질로 여겨 굳어 버리는 성질을 이용해 구분돼요. 혈

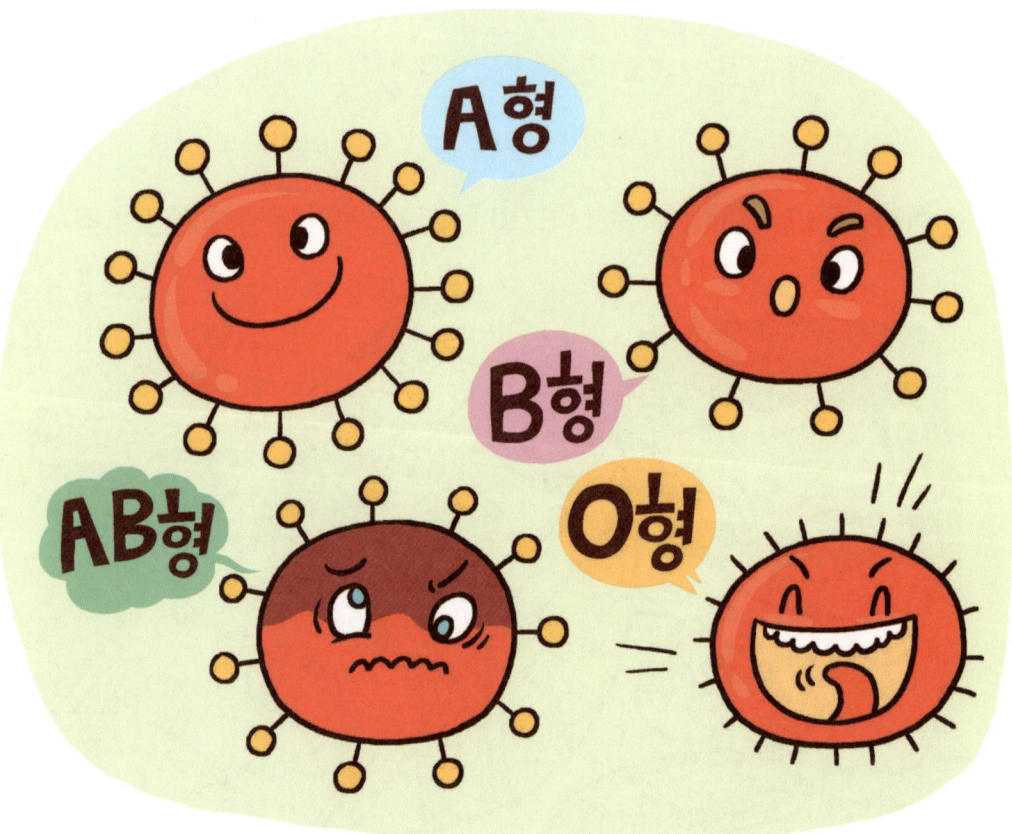

액형은 적혈구의 형태로 정하는 A, B, AB, O식 말고도 대략 500종이나 돼요. 바디바바디바형이나 밀텐버거형 같은 매우 희귀한 혈액형도 있지요.

또 혈액형에는 RH-(아르에이치 음성)와 RH+(아르에이치 양성)가 있는데, 붉은털원숭이를 사용한 실험을 하던 중에 발견됐어요. 혈액과 엉겨서 뭉치는 반응을 통해 구분한 혈액형이지요. Rh+가 Rh-와 만나면 혈액이 엉기고 뭉치므로 수혈할 때 매우 주의해야 해요. 우리나라 사람들 가운데는 Rh-가 전체 인구의 0.1~0.3퍼센트밖에 없어요.

혈액형은 유전학과 법의학에 매우 유용하게 쓰여 범인을 잡을 때, 서로 오래 떨어져 지내던 가족끼리 서로를 확인할 때, 신원을 알 수 없는 사람을 찾아내거나 가족을 찾아 줄 때 결정적인 역할을 해요. 우리나라와 일본 사람들은 혈액형이 같으면 성격이 비슷하다고 믿는 경우가 많은데, 과학적인 근거는 전혀 없어요.

림프액이 뭐지?

사람의 몸에는 혈액 말고도 '림프액'이라는 무색의 투명한 액체가 흐르고 있어요. 혈액은 혈관을 흐르고, 림프액은 가늘고 투명한 관 속을 끊임없이 흐르고 있지요. 림프관이 모여 덩어리처럼 되어 있는 것은 '림프샘'이라고 하는데, 우리 몸에 약 800개가 있어요. 목을 비롯하여 겨드랑이, 사타구니, 아랫배 등에 다양한 크기로 존재해요.

몸속에 미생물이 들어오면 림프샘에서 림프구가 나와 미생물을 마구 공격해 더는 함부로 우리 몸을 돌아다니지 못하게 막아요.

가끔 감기가 걸리면 목이 붓고 아플 때가 있지요? 그 주변에 림프샘이 있기 때문이에요.

아무리 림프구가 열심히 싸워도 세균이 더 강할 때가 있어요. 림프구와의 1차 전투에서 이겨 기세등등해진 세균은 림프샘까지 쳐들어가는데, 그곳에서도 또 치열한 전투가 벌어져요. 만일 이 전투에서도 림프구가 지면 세균이 온몸으로 퍼져 나가 더 심각한 병에 걸리게 돼요.

면역이란?

림프구가 몸속에 들어온 유해 물질을 막아내면, 이를 기억해 뒀다가 다음에 우리 몸을 괴롭힐 때 재빠르게 기억해내 물리쳐요. 이를 '면역'

이라고 해요.

홍역 같은 질병은 한 번 걸리면 다시는 걸리지 않는데, 그것은 림프구가 홍역의 바이러스나 독소를 기억하고 있다가 그 세균이 식구들을 마구 늘리기 전에 철저하게 막아내기 때문이에요.

면역력을 약화시키는 음식을 너무 많이 먹거나 피로가 쌓여 면역력이 약해지면 감기, 아토피, 눈병, 신종플루를 비롯하여 온갖 병에 걸릴 수 있어요.

호흡기

우리는 숨을 쉴 때 '숨을 쉬어야지.' 하고 일부러 생각하고 숨을 쉬지는 않아요. 자기도 모르게 저절로 숨이 쉬어지지요. 숨을 쉴 때는 코뿐

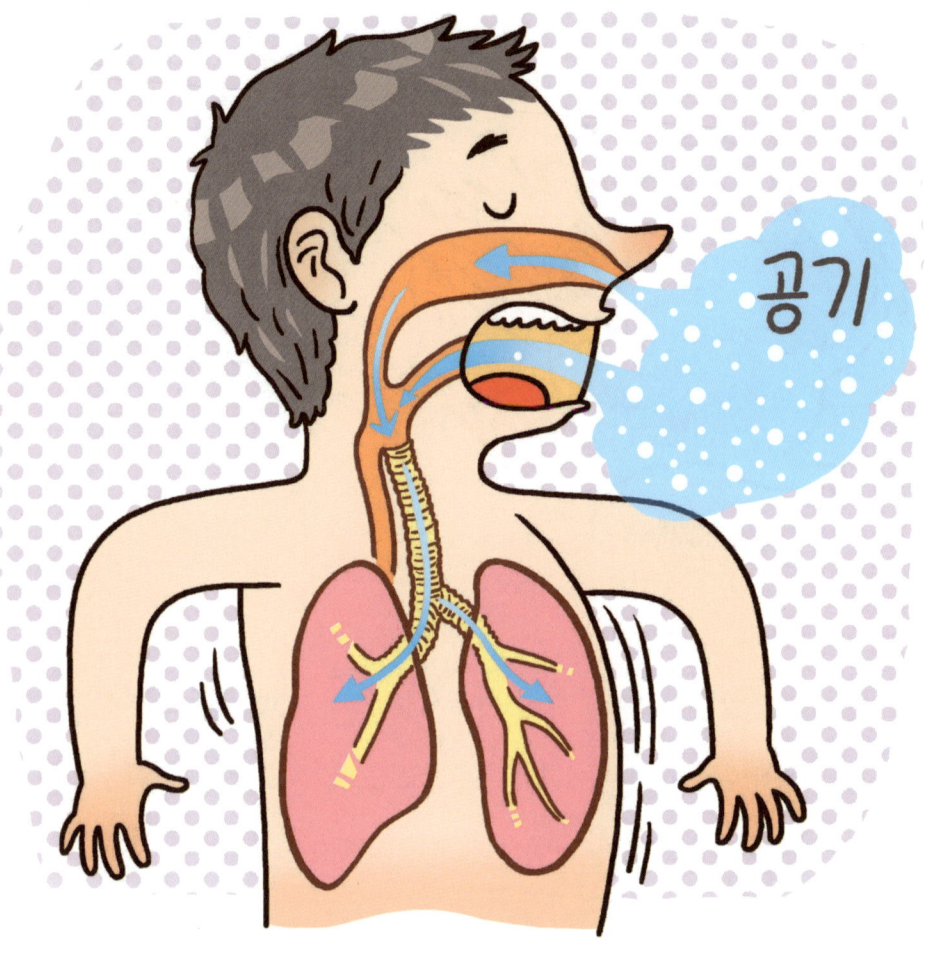

만 아니라 입으로도 공기를 들이마시는데, 이 공기는 우리 몸속으로 들어와 어떤 일을 할까요?

  입과 코로 들이마신 공기는 인두를 지나 2개의 갈림길을 만나게 되는데, 그 가운데 하나는 음식물이 통과하는 식도이고, 다른 하나는 공기가 지나가는 기관이에요. 공기는 식도가 아닌 기관을 거쳐 좌우 2개의 기관지를 통해 폐로 들어가요.

코로 공기가 들어가는 비강과 입으로 공기가 들어가는 구강 그리고 이 두 방향에서 들어온 공기가 모이는 인후를 '상기도'라고 해요. 그리고 기관과 기관지, 폐 속에 있는 가느다란 기관지인 세기관지를 '하기도'라고 해요. 이들 장기를 통틀어 '호흡기'라고 하고요.

호흡할 때 공기가 지나가는 길에는 폐에 깨끗한 공기를 보내기 위해 먼지를 제거하는 기능이 있어요. 기관 안쪽 벽의 표면에는 가는 털이 빽빽하게 모여 바닷속 해초처럼 흔들리고 있어요. 가는 털 아랫부분에 있는 세포가 끈끈한 액체와 함께 먼지를 입으로 내보내요.

폐의 구조

폐는 우리 몸에 들어온 깨끗한 산소와 혈액이 온몸을 돌면서 갖고 온 이산화탄소를 바꿔 주어 신선한 혈액을 만들어 주는 기관이에요. 폐 속에는 기관지와 그것과 함께 달려 있는 동맥과 정맥이 있어요.

기관지의 끝부분에는 '폐포'라는 작은 주머니가 엄청 많이 달려 있는데, 이곳에서 산소와 이산화탄소가 교환돼요. 이산화탄소를 받아들인 공기는 처음 들어왔던 그 길을 거슬러 올라가 몸 밖으로 배출돼요.

폐는 오른쪽과 왼쪽에 2개가 있어요. 오른쪽 폐는 세 부분으로 나뉘어 있고, 왼쪽 폐는 두 부분으로 나뉘어 있어요. 양쪽 폐는 각기 크기가 다른데, 심장이 몸의 왼쪽에 달려 있다 보니 2개의 기관이 한쪽에 같이

폐포에서 산소와 이산화탄소가 교환되는 구조

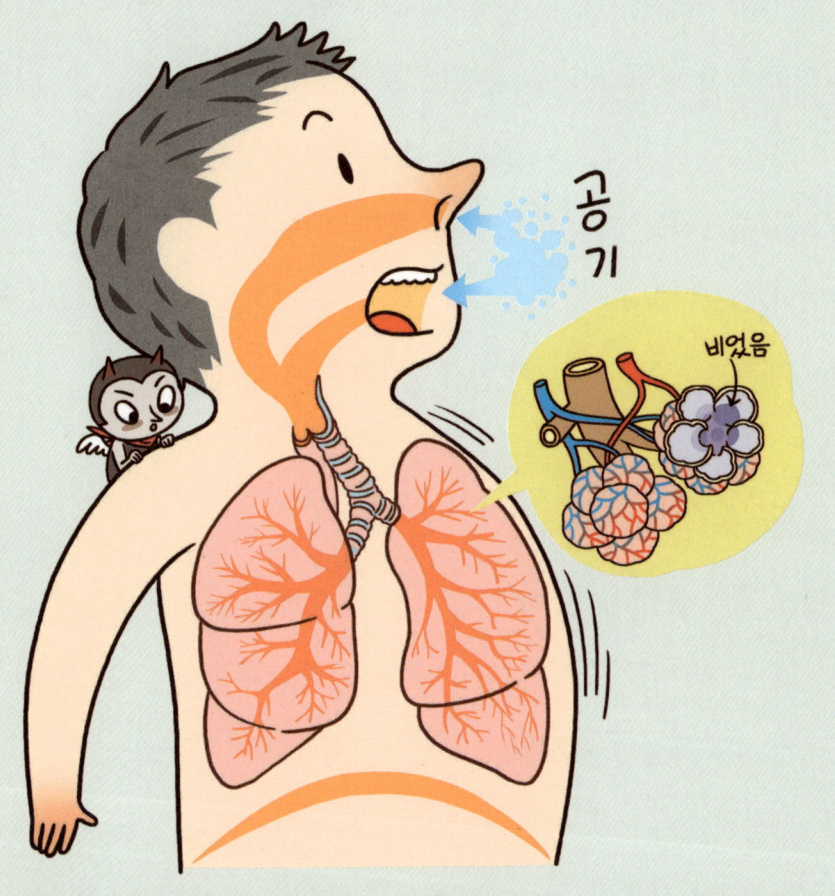

- 폐포의 속은 텅 비어 있다. 공기만이 들어왔다 나갔다 한다.
- 폐포의 벽은 매우 얇아 산소와 이산화탄소가 자유롭게 빠져나갈 수 있다.
- 적혈구 속의 헤모글로빈이 폐포 속에 가득 든 산소를 끌어당겨 이산화탄소와 교환한다.

있기 위해 왼쪽 폐가 오른쪽 폐보다 작고 모양이 달라요.

호흡이란?

산소를 몸속에 받아들이고, 몸속에서 생긴 이산화탄소를 몸 밖으로 내보내는 과정을 '호흡'이라고 해요. 호흡에는 몸속 세포들이 혈액에서 산소를 받아들이는 '내호흡'과 숨을 들이마셔서 산소와 혈액 속의 이산화탄소를 교환하는 '외호흡'이 있어요. 일반적으로 우리가 코와 입으로 숨을 쉬는 것은 외호흡이에요.

폐는 코와 입으로 들이마신 공기를 스스로 받아들이지 못해요. '늑간근'이라는 가슴의 근육과, '횡격막'이라는 가슴과 배 부분을 가로막은 근육의 막이 도와주어 부풀었다 오므라들었다 하면서 산소를 받아들여요.

보통 어른이 1분에 15~20번 정도 숨을 들이마시는데, 1번 들이마시는 공기의 양은 약 400~500밀리리터예요. 약 2컵 정도 되지요. 그러므로 1분에 약 8리터, 하루면 12만 리터의 공기를 마시는 셈이에요.

6 소화와 배설

꼬르륵 배꼽시계가 울리네

꼬르륵꼬르륵 배 속에서 울리는 이 소리는 무엇일까요? 바로 배가 고프다는 위장의 신호예요. 맛난 음식을 배 속에 한가득 넣고 싶어지지요.

배 속이 텅 빈 상태에서 음식을 보거나 냄새를 맡거나 또는 생각만 해도 자기도 모르게 배에서 꼬르륵 소리가 나요. 이 소리를 '창자 가스 소리'라고 해요.

음식과 관계된 시각이나 후각의 자극이 대뇌에 전달되면 대뇌는 위가 움직이게 신호를 보내요. 이 신호에 따라 위가 운동을 하게 되고, 이

때 위에 모여 있던 공기가 소장을 지나가면서 '꼬르륵' 소리를 내는 거예요. 가끔 장이 약해졌을 때도 소리가 나요.

만일 꼬르륵 소리가 나는데도 아무것도 먹지 않으면 사람은 얼마나 오래 살 수 있을까요?

사람은 먹을 것 없이 3주, 물 없이 7일 정도를 살 수 있어요. 그만큼 음식은 우리 몸을 유지하는 데 매우 소중해요.

음식물의 24시간 여행, 소화관

배고픔을 해소하기 위해, 우리의 몸이 건강하도록 섭취하는 음식은 약 10미터나 되는 거리를 지나면서 24시간 동안 소화가 돼요.

이때 음식물이 지나가는 기관들을 하나로 묶어 '소화관'이라고 해요. 소화관은 입에서 시작해 식도를 지나 위를 거쳐 십이지장, 소장, 대장, 최종적으로 항문

에 이르는 길이에요.

우리가 먹은 음식이 혀를 즐겁게 하고 배 속을 든든하게 하며, 각 장기를 지나는 동안 몸에 필요한 영양소가 되고 24시간 뒤 찌꺼기로 남은 것들은 대변이 되어 항문으로 나오는 것이지요.

식도

입 안에서 잘게 부서진 음식물이 위장으로 가기 전에 반드시 지나쳐야 하는 통로가 있어요. 바로 식도예요. 식도는 입과 위를 연결하는 기관으로, 말 그대로 음식물이 지나가는 길이에요.

길이가 25센티미터인 식도는 앞뒤로 눌려 닫혀 있지만, 음식물이 통과할 때는 크게 벌어져 음식물을 받아들이고 오므라들었다(수축) 부풀었다(확장) 하면서 아래로 내려보내요. 식도의 안쪽 벽은 매끄러운 데다 끈적거리는 액체가 나와 음식물이 쉽게 지날 수 있어요.

식도가 운동을 할 때는 음식물이 코로 들어가지 않게 연구개가 위로 올라가고, 또 기도(숨을 쉬는 통로)나 코로 들어가지 않게 후두개가 기도의 입구를 막아요.

식도에서 위로 음식물이 들어갈 때는 위의 입구에 있는 괄약근이 열려 음식물을 받아들여요. 만일 이 괄약근이 잘 열리고 닫히지 않으면 음식물이 위에 머물지 못하고 다시 식도로 올라오는 경우가 있어요. 위

에는 '위산'이라는 소화액이 들어 있기 때문에 식도로 올라온 음식물에는 위산이 섞여 있어요. 그래서 속이 쓰리고 아픈 느낌이 들지요. 보통 이럴 때 '명치가 아프다.'라고 해요.

위의 구조

위는 주머니 모양으로 생긴 내장 기관 가운데 하나로 소화를 담당해요. 식도를 통해 넘어온 음식물은 이곳에서 '위액'이라 불리는 소화액과 섞여 더 잘게 부서져요. 이렇게 1차로 소화가 된 음식물은 조금씩 십이지장으로 보내져요.

위의 안쪽에는 끈끈한 액체로 덮인 주름이 엄청나게 많아요. 마치 여러 산이 모여 산등성이를 이룬 것처럼 서로 연결되어 있어요.

위에 음식물이 가득 차면 이 주름은 팽팽하게 늘어나서 1리터가 넘는 음식물을 받아들일 수 있게 돼요. 또한 표면에는 많은 구멍들이 있는데, 염산, 펩신 등 소화를 돕는 액체가 나와요.

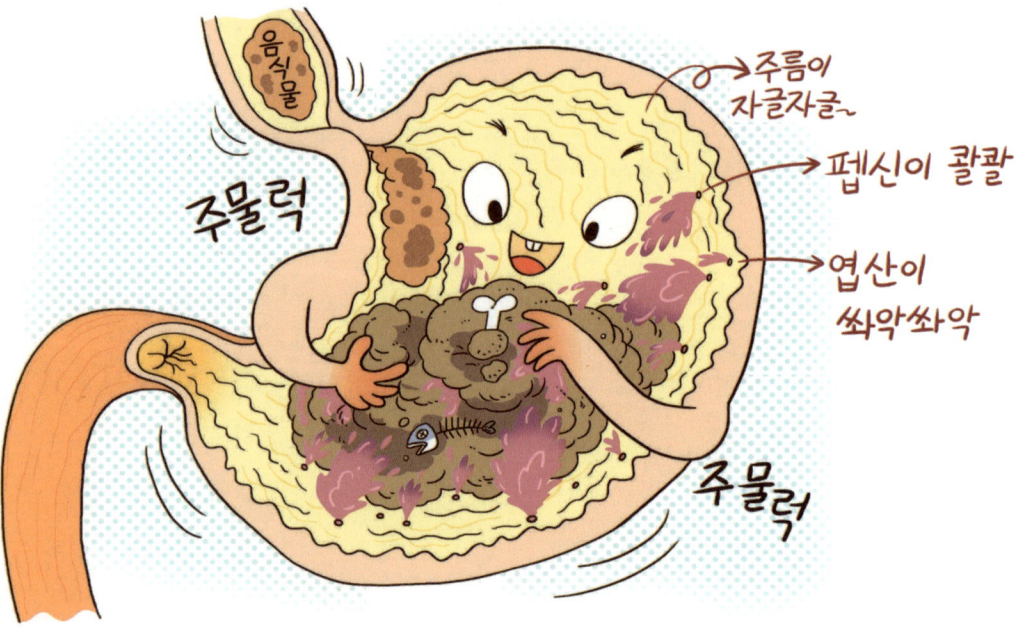

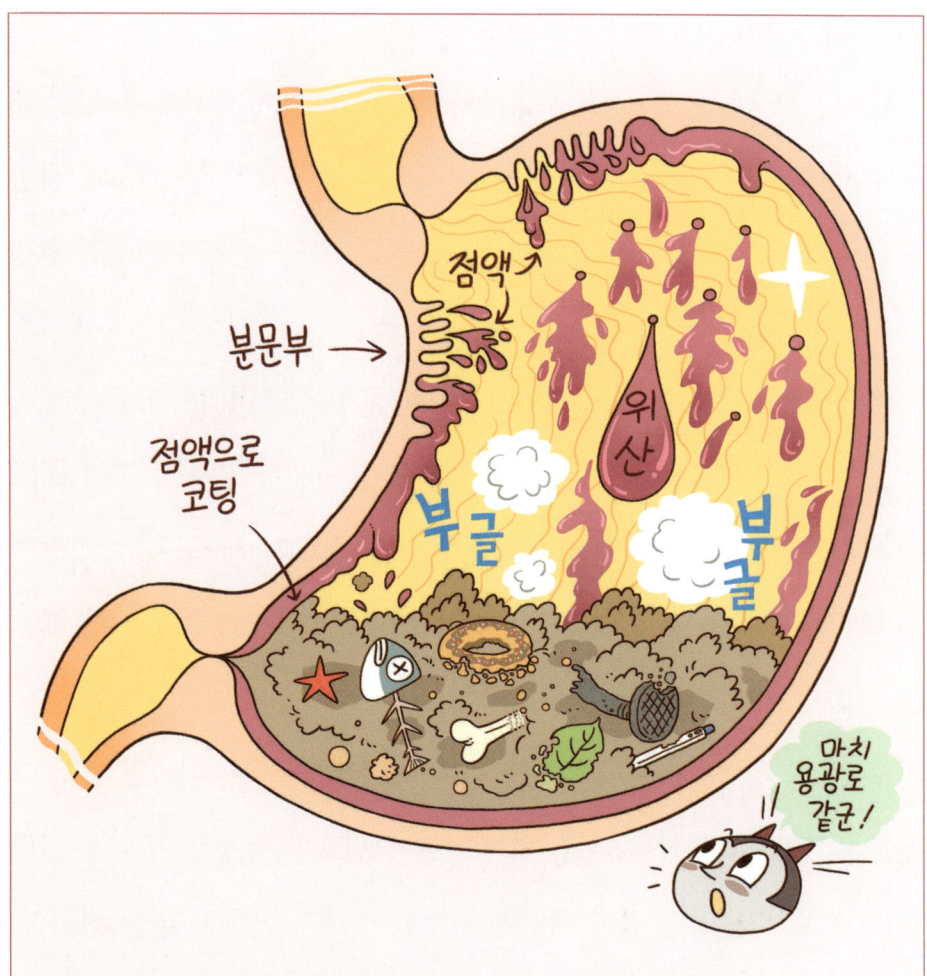

- 위액과 음식물을 섞어 소화하기 쉽게 부드러운 죽 상태로 만든다.
- 본격적인 소화는 십이지장에서 이루어진다. 음식물을 모아 두었다가 십이지장이 소화하는 상태에 맞춰 조금씩 내보낸다.
- 소화하기 위한 음식물이 썩거나 발효되는 것을 막기 위해 산성이 강한 위산으로 음식물을 살균한다.
- 십이지장이 단백질과 지방을 소화하기 쉽도록 커다란 단백질 분자를 작게 만들고 지방도 분해한다.
- 술을 마셨을 때 알코올을 흡수한다.

위액이 위를 상하게 하지 않는 이유

위는 음식물을 죽 상태로 소화시키고 위장 안에서 썩지 않게 하기 위해 위액을 분비해요. 위액은 멀쩡한 피부를 짓무르게 할 정도로 강한 산성이에요. 그렇다면 이 강한 산성이 나오는데도 왜 위는 멀쩡한 걸까요?

위의 표면에서는 특수한 상태의 끈끈한 물질이 분비되기 때문이에요. 이 점액은 위액에 녹지 않아 위 표면에 벽을 만들어 위를 보호해요. 또 위 내부는 혈관 덩어리라 할 정도로 혈관이 많이 지나가고 있어서 혈액이 많이 모이지요. 위가 조금만 손상돼도 혈액에서 영양을 공급해 새로운 세포가 만들어져 금세 멀쩡해져요.

그런데도 위염이라든가 위궤양 같은 병에 걸리는 이유는 뭘까요? 그것은 스트레스가 원인이에요. 위는 자율 신경의 영향을 받기 쉬운 기관으로, 자율 신경의 균형이 깨지면 특수한 액체가 만들어 놓은 위의 방어벽을 무너뜨려 위액이 위장을 소화시켜요. 이것이 위의 상처가 된답니다.

십이지장과 소장

위에서 조금씩 내보낸 음식물은 십지지장에서 여러 가지 소화 호르몬과 섞여요. 그리고 소장으로 흘러가지요. 소장에서는 음식물의 영양

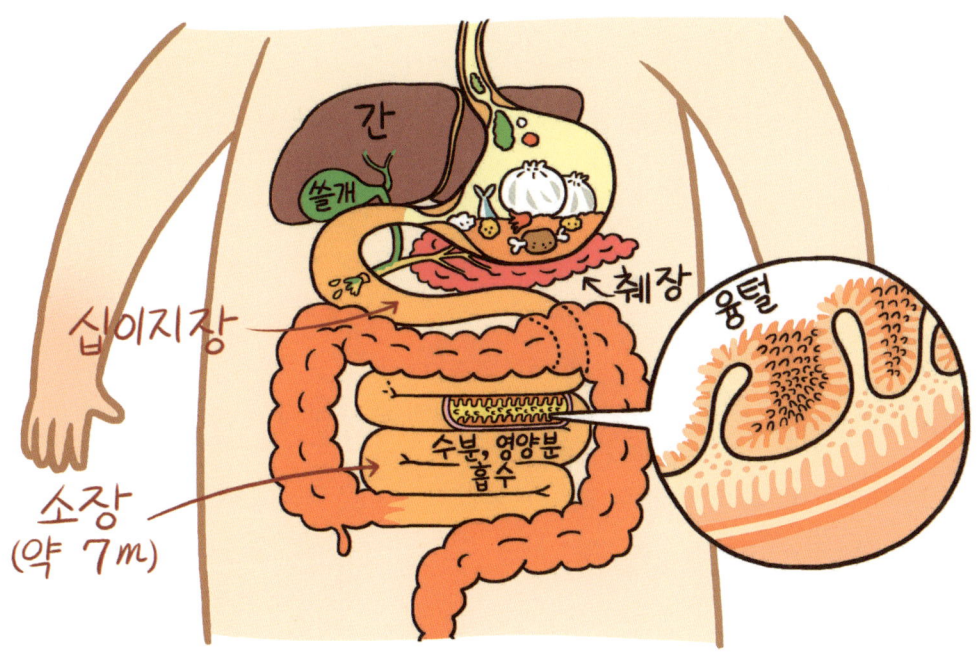

분을 흡수해요. 또한 음식물에 포함된 수분과 우리가 수시로 마시는 음료수나 물도 여기에서 거의 다 흡수하지요.

하루에 입으로 섭취하는 1.5리터를 포함해 침, 위액, 장액 등 소화관 내에 수분은 무려 10리터나 돼요. 그 가운데 8리터를 소장이 흡수하지요.

소장은 우리 몸에서 가장 긴 기관으로, 길이가 약 7미터, 관 모양의 가로 길이는 약 3센티미터예요. 주름이 많고, 안쪽 표면에는 '융모'라는 오돌토돌한 작은 돌기가 무수히 덮여 있어요.

이 융모를 쫙 펴면 우리 몸을 100번 이상 감쌀 정도로 매우 넓어요. 이 융모가 영양분과 수분을 흡수해요. 십이지장에서 분비된 여러 가지 효소, 담즙, 췌액의 도움을 받아 단백질은 아미노산으로, 탄수화물은 포도당으로, 지방은 지방산으로 분해돼요.

아미노산과 포도당은 혈관으로 들어가 간으로 보내지고, 지방산과 글리세린은 림프관을 통해 정맥으로 들어가 온몸으로 전달돼요.

대장과 항문 그리고 대변

소장에서 보내진 음식물의 찌꺼기는 대장에서 다시 수분을 흡수하고 그 나머지는 단단하게 굳어져요. 이것은 변이 되어 대장과 바로 연결된 항문을 통해 몸 밖으로 나와요.

대장에서 흡수되는 수분은 400그램 정도이고, 100그램 정도는 대변과 함께 배출돼요.

변 하면 '아휴, 더러워!' 하는 생각이 들겠지만, 변은 우리가 맛있게 음식을 섭취하고 난 결과물이에요. 게다가 30퍼센트만이 우리가 먹은 음식물의 찌꺼기일 뿐이고, 70퍼센트는 물로 되어 있어요. 이 밖에 장 속에 사는 세균, 위장이 분비하는 물질들, 백혈구, 장벽에서 떨어진 세포들이 포함되어 있어요. 변에는 약 9퍼센트의 세균이 들어 있지요.

변은 섭취한 수분과 섬유질의 양에 따라 그

수분 70% 흡수

굳기가 달라요. 평상시보다 수분이 더 많으면 설사가 되고, 이보다 더 많으면 물 같은 변을 보게 돼요.

항문은 소화관의 마지막 지점으로, 무의식적으로 움직이는 내항문 괄약근과 의식적으로 열고 닫는 외항문 괄약근이 있어요. 이 두 근육이 함부로 변이 새지 않도록 해요.

대장의 끝 지점인 직장에 변이 쌓이면 대뇌에 자극이 전달되고 내항문 괄약근이 느슨해져요. 그러면 '화장실에 가고 싶다.'라는 생각이 들지만, 외항문 괄약근의 힘으로 화장실에 갈 때까지 참을 수 있어요.

심장과 함께 쌍벽을 이루는 간장

옛날 옛적 바닷속 용왕님이 토끼의 간을 구하러 거북을 보냈다는 이야기를 알고 있을 거예요. 거북은 간을 떼어 놓고 왔다는 토끼의 말에 속아 뭍으로 가는 바람에 토끼가 도망가 버리고 말았지요.

맞아요. 동물이든 사람이든 간은 몸 밖에 따로 떼어 놓을 수가 없어요. 간을 떼어 놓는 순간 얼굴이 까맣게 변하면서 어떠한 음식도 소화시키지 못하고 결국 죽음을 맞이할 거예요.

간은 우리 인체에서 가장 크고 무겁고 온도가 높은 장기로, 심장과 더불어 인체를 유지하는 데 가장 중요한 역할을 해요. 인체의 공장이라

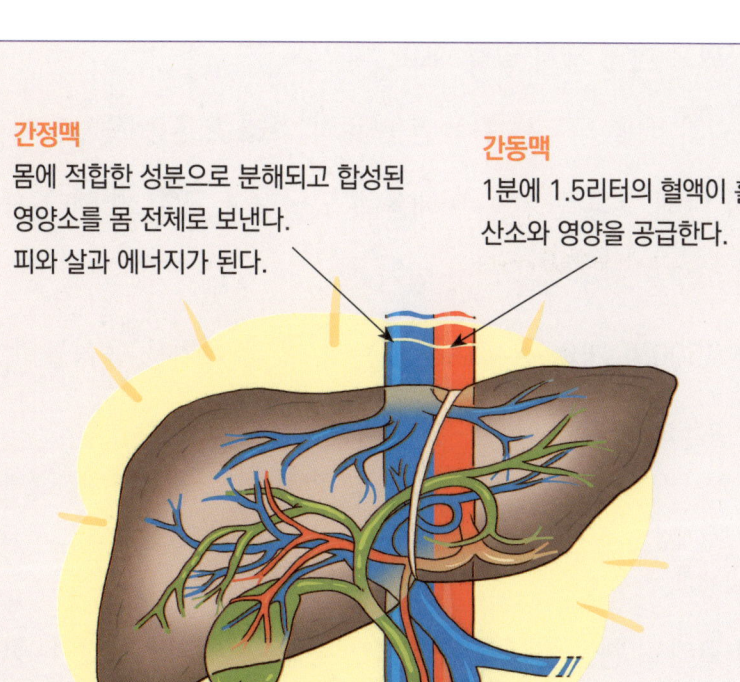

간정맥
몸에 적합한 성분으로 분해되고 합성된 영양소를 몸 전체로 보낸다. 피와 살과 에너지가 된다.

간동맥
1분에 1.5리터의 혈액이 흘러들어 와 산소와 영양을 공급한다.

담즙
간에서 만들어진 담즙은 담낭에 잠시 저장됐다가 십이지장으로 보내진다. 하루에 0.5~1리터 정도 만들어진다.

문맥
위에서 소화된 영양소를 혈액에 실어 1분에 1리터 정도씩 간장으로 운반한다.

1. 영양분 저장 : 간에서 분해되어 만들어진 글리코겐과 지방을 저장하고, 필요에 따라 혈액으로 내보낸다.
2. 해독 작용 : 알코올, 니코틴, 약물, 소화 도중에 만들어지는 암모니아 등 몸속에 들어온 해로운 물질을 해독한다.
3. 담즙 생산 : 장내의 소화와 흡수를 도와주는 담즙을 만든다.
4. 영양소 만들기 : 음식물의 영양소를 몸속에서 사용하는 형태로 분해하고 합성한다.
5. 간세포 만들기 : 해로운 물질로 간의 조직이 파괴되면 간세포를 만들어 스스로 간을 되살린다.

할 정도로 바쁘고 여러 가지 일을 해요.

간장은 가슴과 배를 나누는 근육인 가로막 아래 오른쪽 윗부분에 있어요. 간단히 말해 오른쪽 가슴 아래쪽에 있답니다. 많은 혈액이 모여 있기 때문에 어두운 자주색을 띠고 있지요.

간에는 약 2500억 개의 간세포가 있는데, 우리가 먹은 음식물의 영양소를 화학적으로 처리해 다시 각 기관으로 보내요.

재생되는 간세포

간은 병에 걸려도 웬만큼 아플 때까지는 증상이 나타나지 않아 '침묵의 장기'로 불려요. 간에 이상을 느껴 병원에 가 보면 꽤 심각한 상태에

서 발견될 때가 많지요. 간을 잘라낼 수도 있어요.

간은 4분의 3을 잘라내도 생명에 지장이 없고 충분히 제 역할을 다 해낸답니다. 다른 기관의 세포들은 한번 죽으면 다시 되살아나지 않지만, 간은 조직이 해로운 물질에 파괴되면 다시 재생되는 놀라운 능력을 가지고 있어요. 수술로 간을 반 이상 잘라내도 곧 간세포가 자라나 4개월이면 원래의 크기로 돌아와요.

담즙

간에서는 '담즙'이라는 소화액이 만들어져요. 담즙은 알칼리성의 노란색 액체로 하루에 0.7~1리터 정도 분비돼요. 대부분 '담낭'이라는 주머니에 모여 있다가 담관을 거쳐 십이지장으로 보내져요.

담즙은 음식 속에 들어 있는 지방을 녹이고, 장의 운동을 활발하게 하여 내용물을 각 기관으로 잘 흘러가게 해요. 또 간이 해독하다가 생긴 불필요한 물질을 장으로 보내 몸 밖으로 내보낼 수 있게 해요.

만일 간세포가 손상되거나 담관이 담석에 막혀 담즙이 원활하게 흐르지 못하면, 피부와 눈의 흰자위 부분이 노랗게 되는 황달에 걸려요.

또 간장 질환으로 담즙이 충분히 만들어지지 않으면, 콜레스테롤이 넘쳐나게 되고, 이것이 혈액 속에 섞여 들어가면 동맥 경화를 일으키는 원인이 돼요.

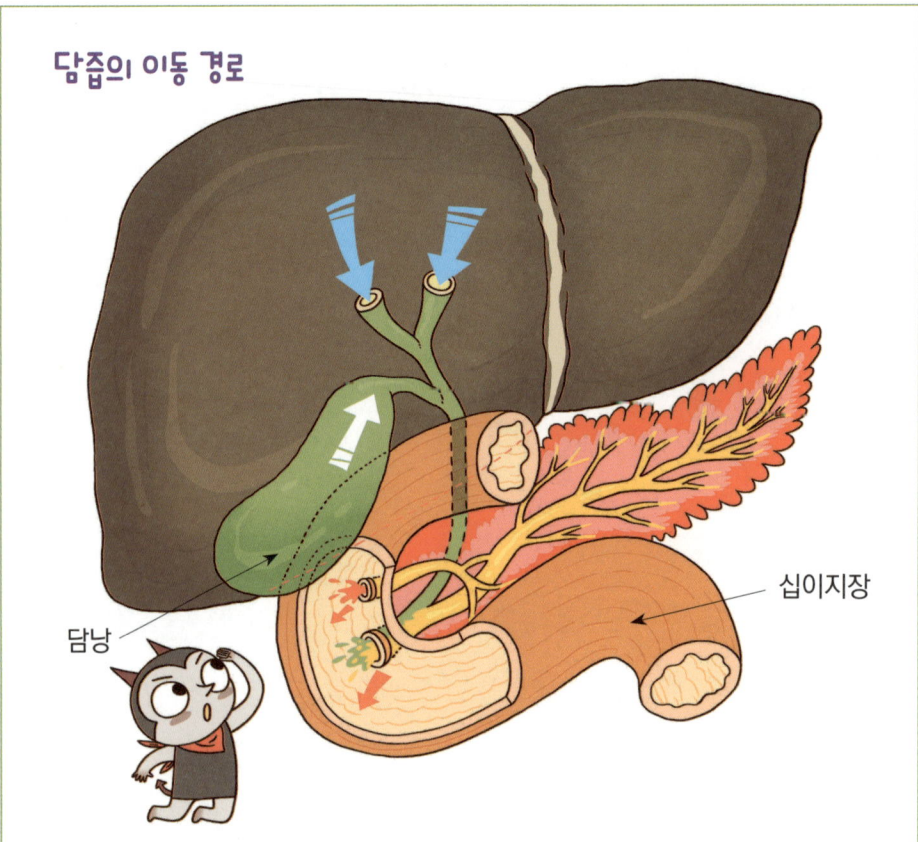

담즙의 이동 경로

담낭

십이지장

담석이란, 지방이 많이 함유된 음식과 비만, 스트레스 등으로 담즙의 콜레스테롤이 많아지고 여기에 칼슘이 더해져 돌처럼 되는 것이다. 보통 오른쪽 위쪽 배에 매우 심한 통증을 안겨다 주기도 하지만, 별 증상을 느끼지 못하거나 자연히 사라지기도 한다.

췌장의 구조

예전에는 위의 뒤쪽에 있다는 이유로 위를 보호하는 역할만 한다고 인식해 전혀 중요하게 여겨지지 않았지만, 최근 들어 특별히 많은 관심

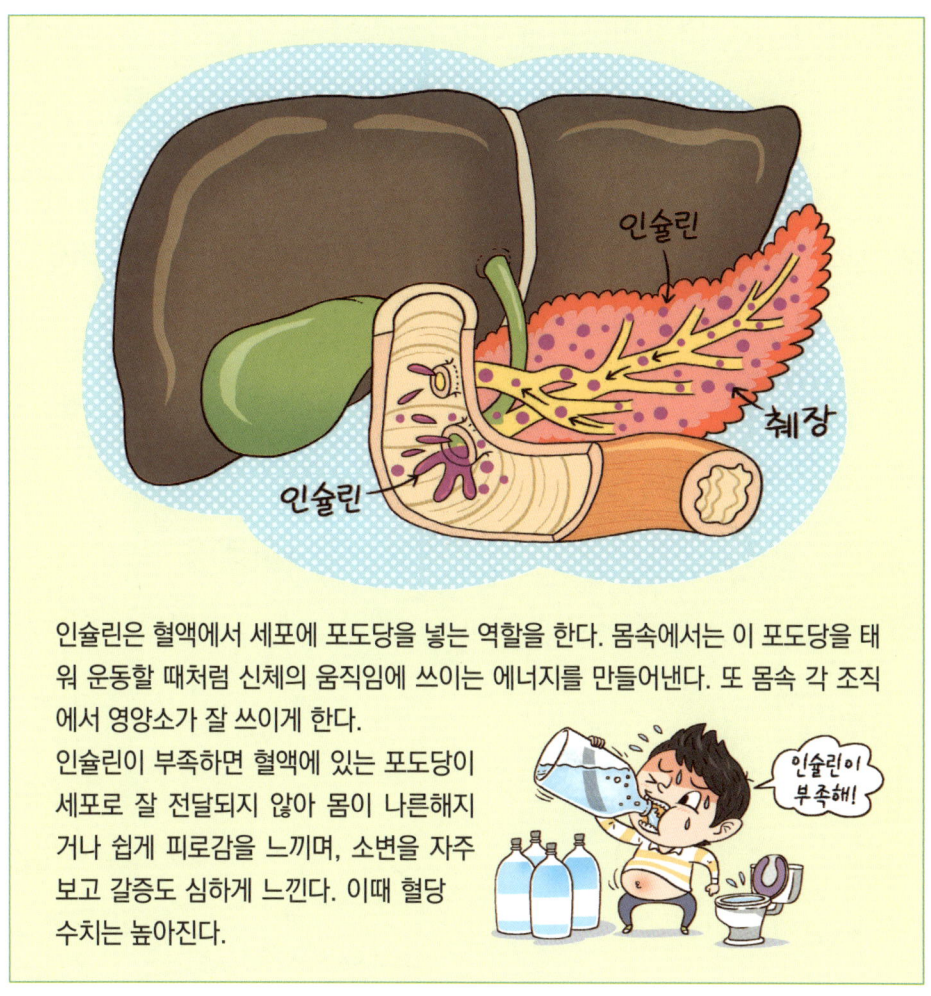

인슐린은 혈액에서 세포에 포도당을 넣는 역할을 한다. 몸속에서는 이 포도당을 태워 운동할 때처럼 신체의 움직임에 쓰이는 에너지를 만들어낸다. 또 몸속 각 조직에서 영양소가 잘 쓰이게 한다.

인슐린이 부족하면 혈액에 있는 포도당이 세포로 잘 전달되지 않아 몸이 나른해지거나 쉽게 피로감을 느끼며, 소변을 자주 보고 갈증도 심하게 느낀다. 이때 혈당 수치는 높아진다.

을 받는 기관이 있어요. 췌장이 그것이지요. 서구식 식생활과 운동 부족으로 당뇨병을 앓는 사람들이 급격히 늘고 있기 때문에 췌장의 기능이 중요해지고 있답니다.

당뇨병은 말 그대로 소변에 당분이 많이 섞여 나오는 병으로, 당분을 분해하는 효소인 인슐린이 부족하기 때문에 생겨요.

췌장은 인슐린을 분비하는 곳이에요. 인슐린이 부족하면 당분을 분해해 포도당에서 에너지를 얻어내는 일을 할 수 없어요. 췌장은 위의 뒤쪽과 척추 사이에 옆으로 긴 모양을 하고 있어요. 다른 장기와 달리 몸 겉으로는 만져지지 않고, 이상이 생겨도 특별히 증상이 나타나지 않아 병이 심각해지기 전까지는 잊기 쉬운 기관이에요.

또 췌장은 무색의 투명한 소화액을 만들어 분비해요. 이 소화액을 '췌액'이라고 해요.

췌액은 단백질을 분해하는 트립신과 전분(탄수화물)을 분해하는 아밀라아제, 지방을 분해하는 리파아제 등 많은 효소가 포함되어 있어서 소화를 도와요.

참을 수 없는 소변

이 세상에서 참을 수 없는 것 가운데 우리 몸에 있는 것은 무엇일까요? 아픔, 졸림, 배고픔? 잘 생각해 보세요. 소변이 있잖아요.

소변은 심장에서 신장으로 보내지는 혈액이 걸러져 불필요한 물질과 노폐물로 가려지는데, 이것이 소변의 근원이 되는 원뇨예요. 신장에서는 하루에 170리터나 되는 원뇨가 만들어지지만, 이것이 그대로 소변이 되는 게 아니에요. 원뇨에서 영양소 등이 다시 흡수되어 이용되고, 나머지 1퍼센트만이 소변으로 배출된답니다.

이 소변이 만들어지는 그 시작은 '신장'이에요.

노폐물을 걸러내는 신장

우리 몸무게의 60퍼센트는 물과 혈액으로 되어 있어요. 여기에는 염분(소금기)과 영양소 외에 노폐물들이 녹아 있어요. 건강한 신체를 유

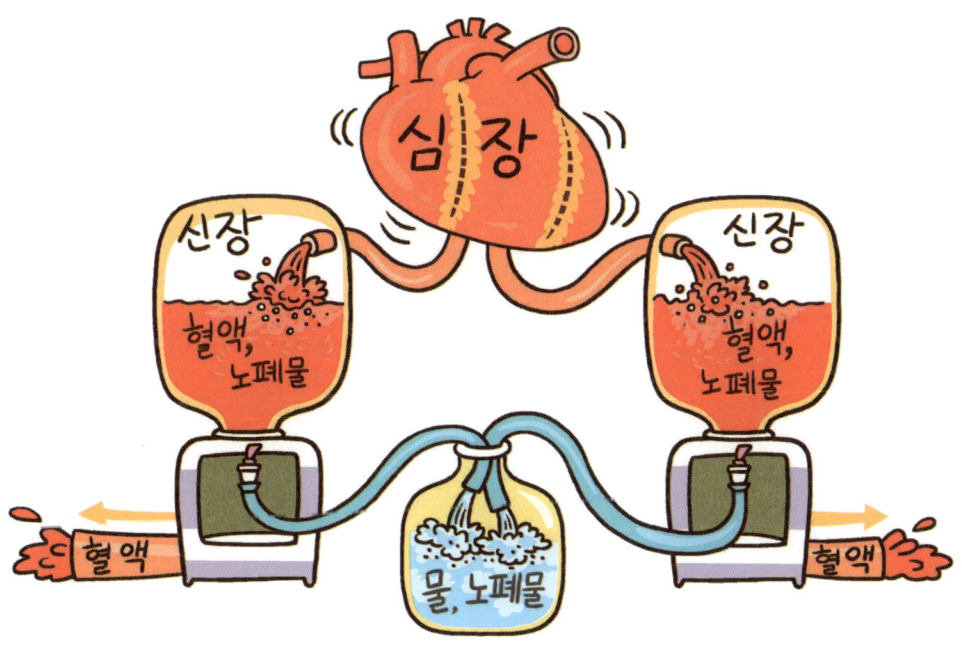

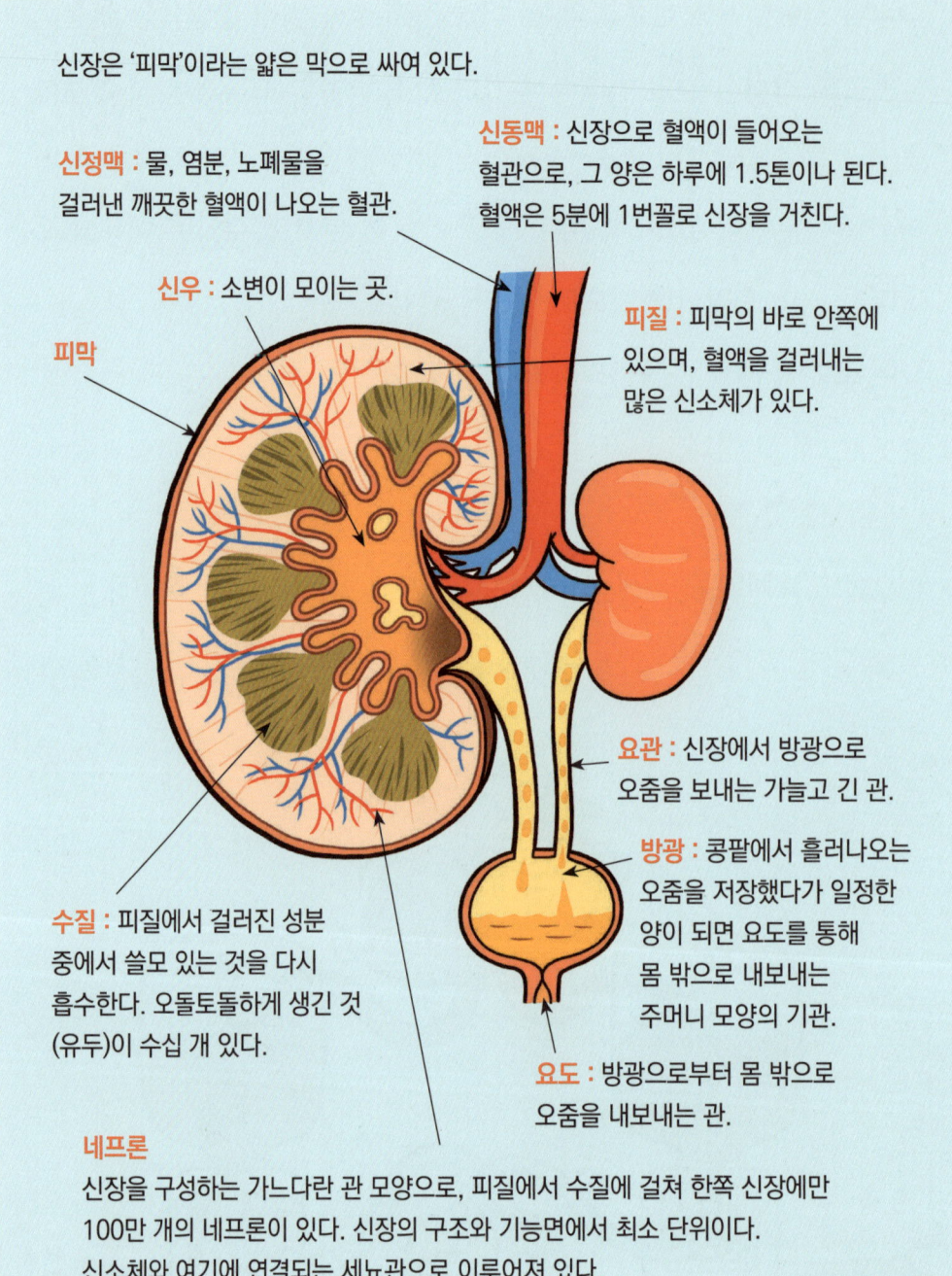

지하기 위해서는 물과 염분의 비율이 항상 일정해야 해요.

신장은 심장이 보낸 혈액을 걸러내요. 그러면 물과 노폐물이 나오지요. 이 물과 노폐물은 무엇일까요? 바로 '소변'이에요. 방광을 통해 몸 밖으로 배출돼요. 만일 신장이 제 기능을 하지 못해 노폐물을 몸 밖으로 빼내지 못하면 몸의 여러 기관이 병에 걸리게 돼요.

신장은 횡격막 아래에 척추뼈 양쪽에 하나씩 총 2개가 있어요. 오른쪽 신장은 위쪽에 커다란 간장이 있어서 왼쪽 신장보다 조금 낮은 곳에 있어요. 크기는 주먹보다 조금 큰 정도로 짙은 붉은색에 콩 모양을 하고 있지요. 이 2개의 신장에는 심장이 내보내는 혈액 중 5분의 1이 쉴 새 없이 흘러들어 가요.

신장은 이 혈액을 걸러 불필요한 것들은 소변으로, 깨끗해진 혈액은 다시 심장으로 갔다가 온몸으로 보내져요.

방광과 요도

신장에서 걸러지고 또 걸러져서 나온 소변은 방울이 되어 5초에 1번꼴로 요관으로 뚝뚝 떨어져요.

이렇게 모인 소변이 250~300

밀리리터 정도 차면 '소변이 마렵다.'라는 생각이 들어요. 하루에 배출되는 소변의 양이 1.5리터 정도 되므로 화장실에서 소변보는 횟수는 5번 정도 돼요.

방광은 하복부 골반을 감싸고 있는 치골 바로 뒤쪽에 있는 주머니 모양의 기관으로, 소변 양에 따라 풍선처럼 늘어나고 줄어들어요.

방광에서 몸 밖으로 나가는 출구를 연결하는 관을 '요도'라고 하는데, 여자는 남자보다 훨씬 짧아요. 남자들은 보통 20~30센티미터 정도인 반면, 여자들은 4센티미터밖에 안 돼요. 그리고 요도 입구로 세균이 침

입하기가 쉬워서 방광염 같은 질병에 걸리기 쉬워요. 남자의 요도는 전립선에서 나가는 정액의 통로이기도 해요.

요도에는 스스로 조절할 수 있는 외괄약근과 자율 신경에 의해 조절되는 내괄약근이 있어요. 우리가 소변을 참을 수 있는 것은 외괄약근 덕분이지요. 외괄약근은 평상시에는 닫혀 있어서 잠을 잘 때는 소변을 보지 않아요. 그러나 이 외괄약근도 한계가 있어서 600밀리리터 정도가 차면 더는 견디지 못하고 일을 보게 되지요. 그러므로 요의가 느껴지면 곧바로 화장실에 가도록 해요.

소변을 너무 참으면 방광염에 걸릴 수 있어요. 간혹 시험을 치르기 몇 분 전 금방 화장실에 다녀왔는데도 또 소변이 마려운 경우가 있지요? 이는 긴장해서 방광의 근육이 수축해 소변을 보고 싶게 만드는 거예요.

몸이 내는 소리에 귀를 기울여요

어? 방광이니 요도니 하는 말들을 보니 소변이 마려운가요? 그건 여러분이 이 책에 푹 빠졌단 증거예요. 그래서 몸이 하는 소리에 귀를 기울였다는 것이지요.

그건 아주 좋은 거예요. 감기로 열이 나면 이마를 짚어 보게 되고, "엄마 나 아파요." 하는 건 몸이 표현하는 걸 어떻게든 놓치지 않았다는 신호예요. 만일 그 신호를 놓치게 되면 어떻게 될까요?

병이 더 깊어져서 주사도 맞아야 하고, 병원에 입원해야 할지도 모르죠. 물론 학교에 가지 않아 하루 이틀 편할 수 있지만, 친구와 놀 수도 없고 먹고 싶은 것도 마음껏 먹을 수 없어요. 무엇보다도 아프고 힘들고 괴롭지요.

이제 우리 몸에 대해 많은 것을 알게 됐으니 몸이 아프다고 신호를 보내면 잘 알아들을 수 있을 거예요. 또 가끔 학교에 가는 게 싫고, 숙제는 지겹고, 엄마 아빠의 잔소리가 썩 내키지 않을 때면 거울로 자신의 모습을 비춰 보세요.

눈앞에 엄마 아빠가 사랑으로 낳아 튼튼하게 키워 준 여러분이 서 있을 거예요. 그 아이가 미소 지을 수 있도록 한번 웃어 보세요.

퀴즈와 단어 풀이

인체 관련 상식 퀴즈
인체 관련 단어 풀이

인체 관련 상식 퀴즈

01. 정자는 남자의 몸속에 있는 아기씨이고, 난자는 여자의 몸속에 있는 아기씨예요. (○, ×)

02. 정자는 1번에 1개만 배란되는데, 인체에서 가장 큰 세포로 눈으로도 보여요. (○, ×)

03. 엄마 배 속에서 태아를 보호하는 물을 ＿＿＿＿＿＿라고 해요.

04. 아기의 앞숫구멍은 뇌가 잘 자라게 돕는 곳으로, 매우 중요한 부위이므로 절대 세게 누르면 안 돼요. (○, ×)

05. 뇌가 무거울수록 더욱 똑똑해요. (○, ×)

06. 소뇌가 망가지면 물건을 잡으려 해도 놓치고, 현기증이 나며, 신체의 균형을 유지할 수 없어서 한쪽 발로 서 있을 수 없어요. (○, ×)

07. 잠은 몸과 정신의 피로를 동시에 푸는 매우 효과적인 휴식이에요. (○, ×)

08. 우리 몸에서 신경이 분포하지 않은 곳은 손톱과 발톱, ＿＿＿＿＿＿ 정도예요.

09. 태어날 때부터 있는 눈은 태어나자마자 잘 보여요. (○, ×)

10. 눈물은 슬플 때나 하품을 할 때만 나와요. (○, ×)

11. 소리는 공기의 진동에 의해 생긴 ＿＿＿＿＿＿가 귀에 들리는 거예요.

12. 코와 귀는 긴 대롱 모양인 '이관'으로 연결되어 있어요. (○, ×)

13. 이의 가장 겉부분인 에나멜질은 흰색을 띠며 몸에서 가장 단단해요. (○, ×)

14. 탄산음료를 마신 뒤에는 바로 양치질해야 해요. (○, ×)

15. ＿＿＿＿＿＿는 음식물이 코로 들어가지 않도록 하고, ＿＿＿＿＿＿는

음식물이 기관으로 들어가지 않도록 막아 줘요.

16. 사춘기가 되어 목소리가 잘 나오지 않고 쉰 목소리가 나는 것을 '변성기'라고 해요. (○, ×)

17. 피부는 신체 부위에 따라 두께가 다른데 발바닥이 가장 얇고, 이마가 가장 두꺼워요. (○, ×)

18. 표정은 얼굴에 있는 ....의 움직임으로 만들어져요.

19. 골격은 사람이나 동물의 몸의 형태를 이루고, 몸을 지탱하는 뼈의 조직을 말해요. (○, ×)

20. 뼈와 뼈가 연결되는 곳을 ....이라고 해요.

21. 심장이 혈액을 온몸으로 내보내기 위해 주기적으로 오므라졌다 부풀었다 하면서 운동하는 것을 ....이라고 해요.

22. 단단한 뼛속에도 모세 혈관이 있어요. (○, ×)

23. 림프구는 몸속에 들어온 유해 물질을 막아내면 이를 기억해 뒀다가 다음에 우리 몸을 괴롭힐 때 재빠르게 기억해내 물리쳐요. (○, ×)

24. 변은 70퍼센트는 우리가 먹은 음식물의 찌꺼기이고, 30퍼센트는 물로 되어 있어요. (○, ×)

25. 간은 우리 인체에서 가장 크고 무겁고 온도가 높은 장기예요. (○, ×)

정답
01 ○ 02 × 03 양수 04 ○ 05 × 06 ○ 07 ○ 08 머리카락 09 ×
10 × 11 음파 12 ○ 13 ○ 14 × 15 연구개, 후두개 16 ○ 17 ×
18 근육 19 ○ 20 관절 21 박동 22 ○ 23 ○ 24 × 25 ○

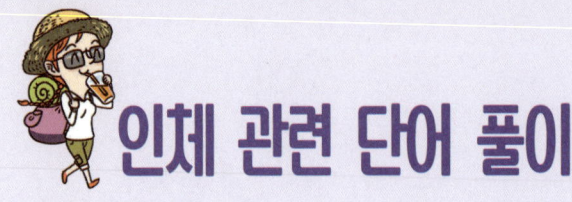

인체 관련 단어 풀이

효소 : 생물체 안에서 유기 물질들이 작용해 화학적 변화를 일으키는 단백질 물질.

미토콘드리아 : 진핵 세포 속에 들어 있는 소시지 모양의 알갱이로 세포의 발전소와 같은 역할을 하는 작은 기관.

성염색체 : 암수의 성(性)을 결정하는 데 관여하는 염색체. 인간의 경우 남자는 XY, 여자는 XX로 되어 있음.

세포 분열 : 하나의 모세포가 2개의 세포로 나뉘는 현상.

진피 : 생물의 겉껍질 아래에 있는 조직. 표피와 함께 피부를 형성하며, 모세혈관과 신경이 있음.

호르몬 : 몸속의 특수한 기관에서 만들어져 몸의 다른 조직이나 기관의 활동을 조절하는 물질.

분비 : 몸속의 일부 기관과 세포에서 여러 가지 생리 작용을 일으키는 물질을 만들어 몸에 퍼지게 하거나 내보내는 일.

신경 : 동물의 몸에서 느낀 외부 자극을 두뇌와 신체의 각 부분에 전달하고 반응을 일으키게 하는 실같이 생긴 조직체.

앞숫구멍 : 갓난아이 머리에서 미처 뼈가 형성되지 않아 말랑말랑한, 이마뼈와 마루뼈가 만나는 가운데 부분.

경막 : 뇌경질막. 뇌막 가운데 바깥층을 이루는 두껍고 튼튼한 섬유질 막.

지주막 : 뇌나 척수를 덮고 있는 세 층의 수막 가운데 중간의 얇고 거의 투명한 막.

연막 : 연질막. 연골 세포와 그 사이를 메운 연골 기질로 이루어진 조직.

뇌량 : 뇌들보. 좌우 대뇌 반구를 연결하는 신경 섬유 다발이 반구 사이의 세로 틈새 깊은 곳에 활 모양으로 밀집되어 있는 것.

뇌졸중 : 뇌중풍. 뇌에 혈액 공급이 제대로 되지 않아 손발의 마비, 언어 장애, 호흡 곤란 따위를 일으키는 증상.

굴절 : 빛이나 소리가 휘고 굽어 진행 방향이 바뀌는 것.

전정 기관 : 안뜰 기관. 속귀에서 평형 감각을 맡고 있는 둥근주머니, 타원주머니, 반고리관을 통틀어 이르는 말.

전분 : 녹말. 녹색식물의 엽록체 안에서 광합성으로 만들어져 뿌리, 줄기, 씨앗 등에 저장되는 탄수화물. 맛도 냄새도 없는 백색 가루로, 우리 몸속에 들어와 포도당이 되어 에너지를 만들므로 없어서는 안 될 영양소.

치석 : 이의 표면에 엉겨 붙어서 굳은 단단한 물질. 주로 이 사이에 많이 생김.

치태 : 세균, 침, 점액물 등으로 이루어져 이에 끼는 끈적끈적한 물질.

젖산 : 색도 없고 냄새도 없는 신맛이 나는 액체로, 포도당이 발효되면서 생김.

아포크린샘 : 외분비샘의 하나로, 사춘기에 발달하며 겨드랑이 부분에 가장 많고 유두, 바깥귀길, 항문 주위, 코끝의 좌우 양쪽 끝부분, 하복부 따위의 특정 부위에 있음.

헤모글로빈 : 척추동물의 호흡에서 산소 운반에 중요한 역할을 하는 적혈구 속 물질.

소화액 : 섭취한 음식물의 소화를 돕기 위해 소화 기관에서 내뿜는 액체. 침, 위액, 쓸개즙, 창자액 등이 있음.

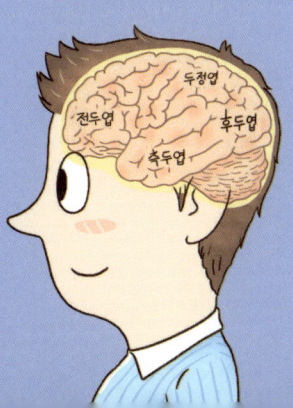